本书受到湖北经济学院学科群建设项目“服务贸易统计体系的构建及其在湖北省的应用”（批准号：1102430104）和湖北省教育厅中青年人才项目“服务业开放对制造业出口质量的影响研究”（批准号：Q20172204）的资助

李方静 ◎ 著

基于二元边际视角的中间产品进口对中国制造业出口质量的影响研究

A Study on the Influence of the Dual Margins of Imported Intermediate Products on the Export Quality of Manufacture Industry in China

中国财经出版传媒集团
经济科学出版社
Economic Science Press

图书在版编目（CIP）数据

基于二元边际视角的中间产品进口对中国制造业出口质量的影响研究/李方静著．—北京：经济科学出版社，2018.6
ISBN 978-7-5141-9420-3

Ⅰ.①基…　Ⅱ.①李…　Ⅲ.①中国产品-进口-影响-制造工业-工业产品-出口产品-产品质量-研究-中国
Ⅳ.①F752.654

中国版本图书馆 CIP 数据核字（2018）第 125194 号

责任编辑：孙怡虹　何　宁
责任校对：王苗苗
版式设计：齐　杰
责任印制：王世伟

基于二元边际视角的中间产品进口
对中国制造业出口质量的影响研究
李方静　著
经济科学出版社出版、发行　新华书店经销
社址：北京市海淀区阜成路甲 28 号　邮编：100142
总编部电话：010-88191217　发行部电话：010-88191522
网址：www.esp.com.cn
电子邮件：esp@esp.com.cn
天猫网店：经济科学出版社旗舰店
网址：http://jjkxcbs.tmall.com
北京季蜂印刷有限公司印装
710×1000　16 开　11.5 印张　200000 字
2018 年 7 月第 1 版　2018 年 7 月第 1 次印刷
ISBN 978-7-5141-9420-3　定价：39.00 元
（图书出现印装问题，本社负责调换。电话：010-88191510）

前言

改革开放以来，我国对外贸易取得了举世瞩目的成就，出口贸易量实现了爆炸式疯狂增长。但是，我国制造业出口长期以来单纯注重量的增长，而忽视了出口产品质量的提升，这使得出口企业频频遭到发达国家反倾销制裁。与此同时，以低廉的劳动力成本和丰富自然资源为基础的比较优势的逐步消失，迫使我国亟须加快转变对外贸易发展方式，提高出口产品质量，培育新的可持续的竞争优势。以往学者对产品质量问题的研究，大多聚焦于产品质量的测度和决定性因素方面。本书则基于中间产品的技术溢出效应，多层面的实证分析验证了中间产品进口的扩展边际对制造业出口质量存在显著的促进提升作用。

首先，本书通过梳理涉及相关产品质量差异和中间产品技术溢出模型，发掘出中间产品进口与企业出口质量之间的相关关系，并逐步推导出中间产品进口二元边际促进企业产品质量提升的作用机理。其次，本书采用经济大类分类标准即 BEC 分类方法，基于 CEPII—BACI 数据库描述了我国中间产品进口的现状及二元边际特征，并采用相对质量测度方法对中国制造业出口质量进行测度和国际比较。最后，基于德米尔（Demir，2013）的理论模型推导总结出了中间产品进口二元边际影响中国制造业出口质量的作用机理，我们从跨国面板和中国证据两个方面进行了实证检验，得出了丰富稳健的实证结论。

本书共分为 8 章，每章的主要内容和研究结论如下：

第 1 章　导论。介绍本书选题背景和研究的意义、研究方法与技术路线，本书的全书结构，以及本书可能的创新点和不足之处。

第2章 文献综述。主要梳理回顾研究中间产品贸易和国际贸易中产品质量问题的理论研究和经验研究成果。对于研究中间产品贸易的文献，主要总结了中间产品贸易的统计衡量方法和中间产品贸易与技术溢出效应两个方面的研究成果；对于研究国际贸易中的产品质量问题的文献，我们遵循从理论研究到理论模型与实证研究相结合的发展轨迹，从供给和需求两个方面概括了产品质量垂直差异的理论模型发展动态，以及实证研究的演进。最后，对文献进行简要评述，找出进一步的研究方向。

第3章 中间产品进口二元边际与出口质量：理论基础。主要分析相关的贸易理论模型，然后基于Demir（2013）理论模型，发掘出中间产品进口与出口质量之间的相关关系，并逐步推导出中间产品进口二元边际促进企业产品质量提升的作用机理。

第4章 中国中间产品进口的现状及其二元边际特征。本章基于BEC分类方法，利用CEPII—BACI数据库，从进口规模、进口结构以及进口来源地等方面描述了我国中间产品进口的现实特征和时序变化，并采用进口二元边际剖析我国中间产品进口的集约边际和扩展边际的变动趋势。我们发现，中间产品进口是我国进口贸易的重要组成部分，其中初级中间产品所占份额呈逐年上涨；日本、美国等国家和欧盟是我国中间产品进口的重要来源地；中间产品进口的二元边际都呈现不断增长的趋势。

第5章 中国制造业出口质量测度以及国际比较。本章基于产品的国际市场均价，构建产品相对出口质量指数以测度中国制造业出口产品质量的变化，全面剖析制造业出口产品质量状况并进行国际比较。我们发现，低质量产品在中国制造业出口总贸易额中占据了相当大的份额，而与四类主要贸易伙伴国的出口产品质量相比较，我国制造业出口质量一直处于低端。因此，在新的国际竞争和全球化发展趋势中，提升出口产品质量非常契合国家出口贸易新战略。

第6章 中间产品进口的二元边际与制造业出口质量：跨国检验。本章基于跨国面板数据，实证检验中间产品进口的二元边际与制造业出口质量之间的相关关系。研究发现，中间产品进口的扩展边际显著促进了制造业出口质量的提升，验证了理论基础部分提出的微观机理，同时人均收入、研发投入和人力资本等因素出口质量的影响不容忽视。

第7章 中间产品进口的二元边际与制造业出口质量：中国证据。本章基于中国贸易数据，分别从行业层面和企业层面，实证分析中间产品进口的二元边际与中国制造业出口质量之间的相关关系，进一步验证了进口中间产品的扩展边际可以显著促进中国制造业出口质量提升，并同时考察了研发投入、资本密集度、人力资本水平等因素对出口质量的影响。

第8章 结论及政策建议。本部分总结本书前面章节的主要研究结论，并基于统计描述结果和实证分析结论提出相关政策建议。

李方静

2018年3月

目录

第 1 章

导　论

出口规模的迅猛增长使得我国一跃成为出口大国，“中国制造”迅速占领国际市场，但贸易量的疯狂式增长并没有帮助我国制造业实现真正的技术升级和产业升级。另外，在人均收入水平较高的发达国家市场，消费者对高质量产品的需求更为强烈，物美价廉的“中国制造”的低价竞争策略已经引起了发达国家的质疑，遭遇诸多的反倾销制裁。因此，提升我国制造业出口质量，成为培育新的出口竞争优势和实现出口可持续增长的有效路径，并有助于完成制造业技术和产业升级。基于我国目前自主研发能力和人力资本水平，依赖国内的技术水平完成出口质量升级，在较短时间内显然不可能。鉴于此，通过进口中间产品充分利用吸收进口中间产品的技术溢出，实现我国制造业出口质量升级，成为必然选择。

1.1　选题背景

改革开放以来，我国对外贸易取得了举世瞩目的成就，特别是出口贸易表现突出，实现了爆炸式增长，这主要体现在出口量的不断提高。据世界贸易组织初步统计数据结果显示：2013 年中国货物进出口总额达 4.16 万亿美元，已经超过美国，首次成为全球第一货物贸易大国。其中出口额 2.21 万亿美元，是 1978 年出口额的 226 倍。

作为制造业大国，中国出口贸易产品历来以低廉的价格赢得国际市场，中国的出口贸易在以往的飞速发展中一味重视贸易量的增长，而忽略了中国出口产品质量的提升，这使得出口企业频频遭到发达国家反倾销制裁。

随着我国经济形势的变化，以往引以为荣的廉价劳动力优势正在逐步减弱、同时人民币面临加速升值压力，而原材料成本也在持续攀升。加快转变对外贸易发展方式成为我国实现出口繁荣的必然选择。面对国际上其他国家对中国出口产品采取的一系列不利措施，在寻求经济结构调整和产业转型升级的宏观经济背景下，我国的出口贸易要想获得可持续的良性发展，就必须从以往单一贸易量的增长，逐步转向重点关注出口产品质量状况，培育质量的新竞争优势。

在我国制造业的生产制造的技术水平与国际一流水平存在差距的客观现实状况下，我国制造业出口想要短期内较为迅速摆脱低价低端低质量的劣势状况，实现出口质量的大幅度提升，依靠本国劳动力、资本要素的积累和创新显然不大可能。因此，我们必须积极引进并吸收消化外国的技术溢出，尽快实现我国制造业出口质量升级，促进我国出口结构优化。

现有的研究总结得到，国际贸易的技术溢出途径主要有以下两种：一是外商直接投资（FDI）所带来技术溢出，二是微观层面的进口中间产品的技术溢出。对 FDI 的技术溢出作用，国内外众多学者进行了多视角的理论和实证研究，普遍认为外商直接投资对东道国尤其是发展中国家的经济有着积极促进作用。李坤望和王有鑫（2013）特别提出了 FDI 促进产品质量升级的微观机制，并采用 1999～2007 年我国产品层面的贸易数据对微观机制进行实证检验。研究发现，FDI 稳健地提高了我国出口产品质量。FDI 研究领域对 FDI 技术溢出效应的研究成果已经非常全面和翔实。

而中间产品贸易研究领域对中间产品进口的技术溢出效应研究主要聚焦于中间产品贸易对技术工人和非技术工人工薪差距的影响，从而对劳动力就业市场需求格局的影响。国内外学者对于中间产品进口的研究，主要还是围绕中间产品进口造成的员工工资收入差距以及劳动力需求的影响，还未能形成较为系统性的理论和实证成果。根据法国国际经济研究中心的 BACI 数据库的数据测算，截至 2012 年，我国中间产品进口贸易额已经占总进口贸易额的70%以上，这说明中间产品进口已经成为我国进口贸易非常重要的组成部分，已经是进口贸易的主要方式。大量来源于不同国家的进口中间产品流入国内，势必会对我国制造业的发展带来深远影响。研究进口中间产品的技术溢出对我国制造业的影响，具有一定现实价值，尤其是在我国当前形势下，研究进口中间产品对我国制造业出口质量的影响，极其契合我国制造业产品质量升级的战略需要。

随着梅里兹（Melitz，2003）开启的新新贸易理论时代来临，贸易增长的二元边际被提出，众多国内外学者针对贸易二元边际问题展开了翔实深入的研究，得到了丰硕的研究成果。伯纳德等（Bernard et al.，2007）和陈勇兵等（2011）认为，从微观角度考察贸易总体动态是极其必要并富有理论和现实双重意义，采用微观层面的二元边际结构性剖析宏观经济活动，有助于深刻理解和掌握贸易增长的结构和性质。因此，采用二元边际视角，研究中间产品进口对制造业出口质量的影响，将能更为全面翔实地解答如下问题：中间产品进口的二元边际对我国制造业出口质量会产生积极的促进作用吗？其中又存在着怎么样的作用机理？中间产品进口的集约边际和扩展边际，哪一种边际对中国制造业出口质量的影响更为显著突出？中间产品进口的二元边际对制造业出口质量的影响同时还受到了哪些其他因素的影响？

1.2 研究的意义

对上述问题展开深入研究，在中国制造业出口面临产业升级困境和频频遭遇挑战的今天，具有重大的理论意义和现实意义，有助于为企业、政府部门制定相关贸易措施提供理论支撑和实证依据。

1.2.1 理论意义

第一，推动了关于产品质量升级研究的动态发展。随着产品质量问题日益成为国际贸易领域的焦点问题，众多学者开始从多维度、多视角研究国际贸易中产品质量差异影响。研究企业异质性的学者也开始在企业异质性理论模型中考虑产品质量差异，哈拉克等（Hallak et al.，2013）更是在构建的企业异质性模型，将二维生产率发展为“过程生产率”和“质量生产率”，前者即为企业生产率，而后者即指企业产品质量。

在产品质量的研究发展动态中，产品质量升级是一个非常重要的研究方向。卡德尔沃尔（Khandelwal，2011）在贝里（Berry，1994）分析差异化产品市场的离散选择模型方法的基础上，构建嵌套 Logit 需求框架，采用美国 1998 ~2001 年数据测算各国对美国出口的产品质量，并分析美国受到中低收入国家进口竞争影响的差异性，研究发现较低的关税税率促进了处于世界质量阶梯顶端产品的质量升级。他的研究较为前沿，但是研究方法存在局限性，无法推广。研究产品质量升级是本书的主要出发点，与卡德尔沃尔（2011）不同的是，本书则是基于现有的贸易数据，采用更具适用性的产品质量测度方法，从进口中间产品二元边际视角研究产品质量升级问题，同时兼顾了其他重要因素的影响，一定程度推进了产品质量升级理论研究的进一步发展。

第二，发掘了进口中间产品影响产品质量的理论机制和作用机理。对于进口中间产品的技术溢出，绝大多数学者的研究只是探讨了中间产品对经济体的经济增长、贸易福利以及企业生产率的影响，很少涉及对产品质量的影响。而中间产品作为最终产品生产过程中的重要投入，它的技术含量以及质量差异肯定会影响最终产品的质量。本书基于这一理论逻辑，采用二元边际微观视角剖析中间产品进口，并在理论基础部分总结归纳出中间产品进口二元边际促进制造业出口质量升级的作用机理，本书的研究为进口中间产品技术溢出的相关理论研究提供了新的视角和发展方向。

第三，促进了贸易边际理论的发展。在以往研究贸易边际的文献，大都将二元边际视角应用于出口贸易，较少基于进口贸易。本书采用二元边际视角剖析中间产品进口，发现了中间产品进口二元边际的变动趋势，是贸易边际理论在进口贸易层面的深化。

综上所述，本书的研究对于国际贸易领域产品质量问题和中间产品贸易以及贸易边际理论都具有一定的理论意义。

1.2.2　现实意义

第一，为我国实施积极的中间产品进口贸易政策提供新的政策导向。通过统计描述我国进口中间产品的现状以及二元边际特征，我们发现初级中间产品所占比例呈逐年上涨趋势，半成品和零配件增长缓慢。初级中间产品的技术含量和附加值较低，对我国制造业发展的促进作用远不及半成品和零配件。因此，我们在制定中间产品进口政策时，应限制初级中间产品的进口，而鼓励半成品和零配件的进口。另外，通过理论分析和实证检验中间产品进口二元边际对中国制造业出口质量升级的影响，我们为企业和政府部门制定中间产品进口策略提供新的导向：由注重进口额的增长转向注重引进新产品种类和拓展新的贸易关系。

第二，为我国制造业出口质量升级提供新的路径选择。我国制造业出口质量在国际市场上一直处于较低水平，同时又受限于国内自主研发水平和人力资本，无法在短期内获得大幅度提升。而本书的研究，从进口中间产品的角度，为提升我国制造业出口质量找到一条全新的路径选择。同时，本书的研究还表明，研发投入、外资流入和人力资本等因素对制造业出口质量的影响不容小觑，政府部门和相关出口企业在制定相关促进质量升级的政策及战略时，应将资金和政策优惠向这些因素倾斜，以期早日实现质量升级的目标。

第三，为我国的对外贸易的可持续发展提供新的思路。自改革开放以来，我国长期利用本国廉价劳动力和丰富的自然资源，实现了出口贸易的疯狂式增长，大幅度推动了我国经济增长。但这种粗放式经济增长方式是否是可持续的？随着国际市场的产品竞争日益加剧，加之国内的劳动力比较优势正在逐渐消失，更雪上加霜的是早期粗放型的生产方式造成了严重的环境破坏，使得近几年环境问题频发，雾霾已经成为干扰人们的日常工作生活的一大“祸端”。这些问题的暴露都表明了以往的比较优势已经不可持续，出口贸易单纯量的增长已经无法成为贸易繁荣的标志。本书的研究从如何提升中国制造业产品质量升级的角度，为我国对外贸易的可持续提供了新的思路：利用和吸收进口中间产品的技术溢出效应，扩大进口中间产品的新产品种类以促进中国制造业出口质量提升，形成新的可持续的竞争比较优势。

综上所述，本书的研究对我国制造业出口质量升级以及制定中间产品进口贸易政策具有丰富的现实意义。

1.3 研究方法与技术路线

1.3.1 研究方法

本书在选题构思的过程中。对于上述问题的研究，主要采用下列三种方法：

（1）归纳和演绎相结合的方法。基于贸易模型的发展脉络，通过分析和梳理弗洛姆和赫尔普曼（Flam and Helpman，1987），法基格尔巴姆、格罗斯曼和赫尔普曼（Fajgelbaum，Grossman and Helpman，2011）的理论模型、殷德生（2011）理论模型、巴斯和斯特劳斯－卡恩（Bas and Strauss－Kahn，2013）的理论进口中间产品的技术溢出效应模型以及德米尔（2013）理论模型，归纳总结出进口中间产品与出口产品质量之间可能存在的相关关系，并从基于德米尔（2013）理论模型推导演绎出进口中间产品促进本国制造业出口质量提升的作用机理。

（2）机理分析与实证分析相结合。本书的核心部分是理论模型拓展后的机理分析，然后运用跨国面板数据和中国贸易数据对本书理论部分提出的作用进行实证检验。在机理分析中，主要借鉴贸易模型的局部均衡分析范式，进行归纳推导。而在实证分析方面，我们主要采用计量经济学方法，通过构建计量模型，实证检验中间产品进口的二元边际对中国制造业出口质量的影响。具体而言，我们主要是基于面板数据进行计量回归分析，并采用工具变量方法克服内生性问题，从而得到较为稳健的实证结论，为政策建议提供实证支持。

（3）多维度的实证分析。在总结和回顾以往学者与本书相关的研究基础之上，采用产品—行业—国家维度和产品—企业维度对中间产品进口的二元边际对中国制造业出口质量的影响机理进行多个维度的实证研究，并进行分样本的稳健性检验。

1.3.2 技术路线

本书的技术路线如图1－1所示。

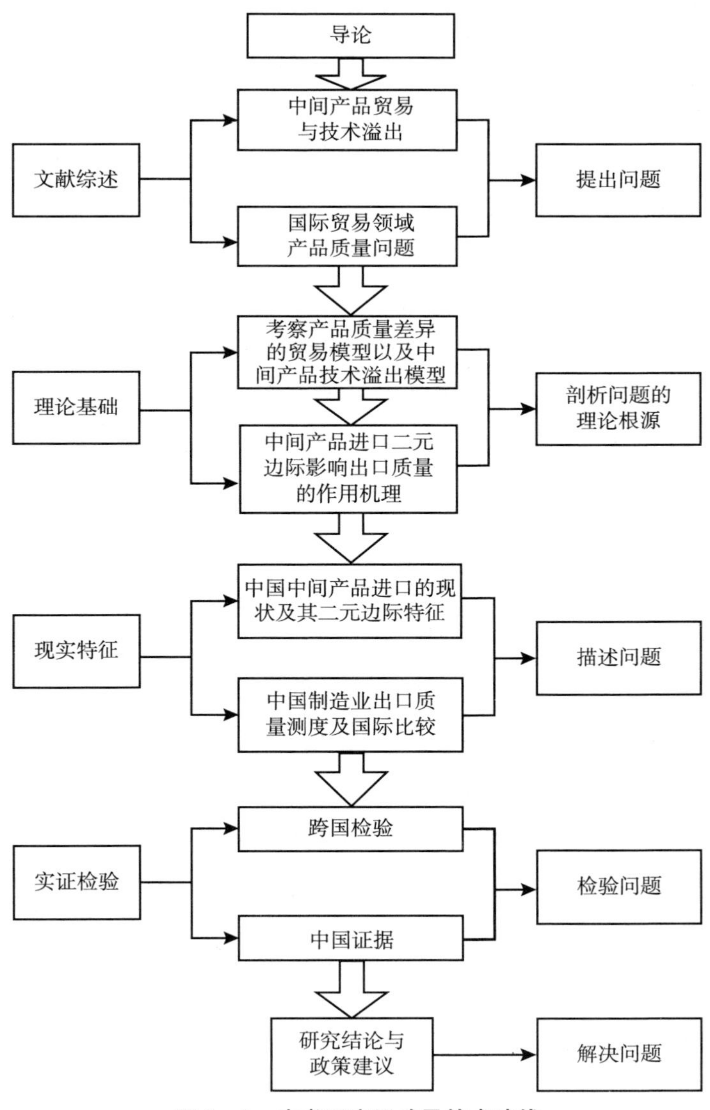

图1－1 本书研究思路及技术路线

1.4 本书结构

本书共分为8章，逻辑结构和研究内容概要安排如下：

第1章 导论。本部分阐述了本书选题背景、研究的意义、研究方法与技术路线图，论文的布局结构，以及本书可能存在的创新点和不足之处。

第2章 文献综述。本章主要梳理研究中间产品贸易和国际贸易中产品质量问题的理论研究和经验研究成果，分国外研究现状和国内研究现状分别进行总结和阐述。对于研究中间产品贸易的文献，基于本书研究目的，主要总结了中间产品贸易的统计衡量方法和中间产品贸易与技术溢出效应两个方面的研究成果；对于研究国际贸易中的产品质量问题的文献，我们遵循国外研究从理论研究到理论模型与实证研究相结合的发展轨迹，从供给和需求两个方面概括了考察了产品质量垂直差异的理论模型发展动态，和实证研究的推演和论证；然后基于国内涉及到国际贸易中产品质量问题的研究文献较少的现实，我们分理论研究和实证研究两个方面理清了国内文献的思路和研究进展。

第3章 中间产品进口二元边际与出口质量：理论基础。本章是全书研究的理论分析基础。根据贸易理论演进的轨迹，从考虑了产品质量差异的弗洛姆（Flam）和赫尔普曼（1987）的南北贸易模型、法基格尔巴姆（Fajgelbaum）、格罗斯曼（Grossman）和赫尔普曼（2011）的收入分配与产品质量理论模型、和进口中间产品的技术溢出效应模型，到钟建军（2014）的进口中间产品质量与最终产品质量模型和德米尔（2013）理论模型，通过分析梳理涉及相关产品质量差异和中间产品技术溢出模型，发掘出中间产品进口与出口质量之间的相关关系，并逐步推导出中间产品进口二元边际促进企业产品质量提升的作用机理。

第4章 中国中间产品进口的现状及其二元边际特征。本章采用BACI国际贸易数据库最新贸易流量数据，从进口规模、进口结构以及进口来源地方面描述了我国中间产品进口的现实特征和时序变化，并采用进口二元边际剖析我国中间产品进口的集约边际和扩展边际的变动趋势。

第5章 中国制造业出口质量测度以及国际比较。本章基于产品的国际市场均价，构建产品相对出口质量指数以测度中国制造业出口产品质量的变化，全面剖析制造业出口产品质量状况。通过与四类主要贸易伙伴国的出口产品质量进行国际比较，厘清中国制造业出口产品质量在全球价值链中所处的国际地位和贸易利得。由此可得出，在新的国际竞争和全球化发展趋势中，突出提升出口产品质量契合国家出口贸易新战略的重大意义。

第6章 中间产品进口的二元边际与制造业出口质量：跨国检验。本章基于跨国面板数据，实证检验理论基础部分提出的中间产品进口的二元边际影响制造业出口质量的微观机理，同时考察了国家层面人均收入、研发投入和人力资本等因素对两者相关关系的影响。

第7章 中间产品进口的二元边际与制造业出口质量：中国证据。本章基于中国贸易数据，分别从行业层面和企业层面，实证分析中间产品进口的二元边际与中国制造业出口质量之间的相关关系，并同时考察了研发投入、资本密集度、人力资本水平等因素对出口质量的影响，基于中国证据验证了中间产品进口二元边际影响制造业出口质量的作用机理。

第8章 研究结论及政策建议。本部分总结了全书的前面章节的主要研究结论，基于实证分析结论有针对性地提出相关政策建议，提倡实施积极的中间产品进口政策，以促进中国制造业出口产品质量提升的政策建议。

1.5 本书的创新与不足

1.5.1 本书的创新点

通过阅读和梳理国内外研究文献，我们发现针对我国制造业出口质量的理论和经验研究都相对较为匮乏，鉴于此本书的研究可能存在以下一些创新之处：

（1）选题的创新。在国际贸易领域，国外学者很早就注意到了产品质量差异对贸易模式的影响，但前期大部分的研究仅局限于产品质量差异带来的贸易影响、工资差距等。随着新新贸易理论的深入发展，国内学者也开始基于我国国情开始关注我国产品质量问题，但大都也只是集中在如何测度产品质量以及产品质量的决定因素的研究上，鲜有学者针对我国国情研究如何提升我国产品质量。本文在以往学者的理论研究和经验研究的基础上，针对我国研发创新能力薄弱和人力资本水平较低的国情，从进口产品贸易的技术溢出效应角度，考察中间产品进口行为对我国制造业出口质量的影响，本书的选题契合目前的我国制造业产业升级的路径选择。而且，本书基于理论模型的分析结论推导中间产品进口二元边际影响我国制造业出口质量的作用机理，从进口中间产品的角度，为我国如何提升制造业出口质量提供清晰的理论逻辑。因此，本书的选题较为前沿，具有一定的创新性。

（2）研究视角的创新。在贸易边际的研究文献中，大部分学者都将二元边际应用于出口贸易，鲜有涉及进口贸易。而本书在研究中间产品贸易时，突破了以往单纯基于进口规模、进口结构等模式块的分析，在研究视角方面加入了全新的二元边际视角进行剖析，全面深入微观分解中间产品进口，将中间产品的进口分解为集约边际和扩展边际，进一步了解我国中间产品贸易的边际增长状况。而对于我国制造业的出口，与以往大多数研究文献不同，本书采用出口质量这一切中要害和适应国际经济形势潮流的研究视角，在新国际分工发展新形势的背景下，具有重大的现实意义。总之，本书在研究视角的选择上具有较大的创新。

（3）理论机制上的创新。针对进口中间产品的技术溢出效应，国内外大多数文献都拘泥于考察进口中间产品对生产效率的影响机制，鲜有涉及进口中间产品对产品质量的影响机制。本书从德米尔（2013）的理论模型出发，结合理论模型的研究结论，推导总结出进口中间产品的二元边际影响企业出口质量的作用机理，并通过实证分析验证了作用机理的成立。因此，本书在理论机制分析上，具有一定的创新性。

（4）经验研究的创新。在经验研究上，大多数针对我国的实证研究样本容量和时间跨度都较为有限。本书则利用 1998 ~ 2012 年我国 HS - 6 位产品编码细分数据描述中间产品进口和制造业出口质量，并将我国制造业出口质量与主要贸易伙伴国进行国际比较，样本容量大且时间跨度长，具有一定的时效性。另外，针对关键解释变量与被解释变量之间可能存在的内生性问题，本书采用了工具变量方法解决内生性问题。为了检验实证结论的稳健性，跨国检验和中国证据两个部分都进行了详尽丰富的分样本检验。本书的经验研究，可以作为对以往经验研究的有效补充。

1.5.2 不足之处

（1）数据的缺陷。本书的统计描述、跨国检验以及中国证据部分产业层面的实证分析都是基于CEPII的BACI数据库的贸易数据，是HS6分位细分贸易数据，但是这种分类作为产品质量的测度时仍不够细分。因此，在以后的产品质量的研究中，应该采用HS更高分位的贸易数据进行，以减少测度上的偏误。而在企业层面的分析中，本书采用的中国工业企业数据库与海关数据库的匹配数据中产品编码为HS8分位，可以较为准确的测度产品质量，但是我们得到的匹配数据的统计年限为2002～2006年，年限太短且数据过于陈旧，存在时效性严重滞后问题。因此，在以后的企业微观层面实证分析中，需要更新数据，使得研究结论具有一定的时效性。

（2）计量方法的单一。本书在实证分析检验中，主要采用面板回归和工具变量方法，计量方法过于单一，而且仅为静态分析。在以后的研究中，为了减少计量偏误，应该采用Probit模型，Heckman模型以及倍差匹配等多种方法，并尝试基于动态面板数据进行动态分析。

第 2 章

文献综述

中间产品进口与中国制造业出口质量之间的相关关系是本书研究的核心目标，所以中间产品进口和出口质量是本书的核心关键词。基于此，本章将分别基于中间产品贸易和国际贸易领域中的产品质量问题进行文献梳理，找出各自研究的发展脉络和最新前沿。

2.1 关于中间产品贸易的研究

中间产品贸易，是指进口或出口的货物在到达最终消费者之前需要进一步加工的商品贸易。在国际贸易中，中间产品和最终产品在产品性质上很难区分的。因此，迄今为止没有一个专门针对中间产品贸易的理论。然而，随着中间产品贸易在国际货物贸易中所占比重不断增大，中间产品贸易对一国贸易结构乃至整个经济增长的影响和作用引起了越来越多的经济学家的关注，从贸易角度研究中间产品的成果开始不断涌现。基于本书研究目的，我们首先阐述中间产品贸易的统计分类方法，然后重点关注有关中间产品贸易的技术溢出效应方面的研究，对国内外学者研究中间产品贸易的文献进行梳理。

2.1.1　国外研究现状

2.1.1.1　中间产品贸易的统计衡量

作为国际技术溢出的主要渠道，中间产品贸易一直备受关注，但是针对如何界定哪些产品是中间产品，国外学者提出不同的观点。总结性而言，中间产品贸易的统计衡量方法主要有以下三种。

第一种方法是采用投入产出法计算进口中间产品相对比重，运用得比较广泛的是胡梅尔斯等（Hummels et al.，1998；2001）提出的垂直专业化（vertical specialization）指标。这个指标包括了两种衡量方法，一种是基于行业层面计算 *VS* 值，提出计算公式 VS_i 值 =（进口中间产品/总产出）× 出口总价值。另一种从国家角度测度 *VS* 的比重，*VS* 比重 $= VS_k/X_k = \sum_i VS_{ki}/\sum_i X_{ki}$ 用于衡量一国参与新国际分工和国际贸易的程度。

第二种方法是伍和叶芝（Ng and Yeats）提出的根据国际贸易标准分类方法（SITC），将所有名称是零件和部件的产品进行加总，从而计算中间产品的方法。由于有些名称不是零部件的中间产品没有包括在内，因此这种方法容易造成中间产品计算的低估。

第三种是 BEC 方法。联合国编制的“经济大类分类标准”（Broad Economic Catalogue，BEC）根据产品的生产过程或使用用途将商品分为三大类，即消费品、资本品和中间产品。依据海关协调编码（HS），HS 编码范围为 111、121、21、22、31、32、42 和 53 这几个类别的产品为中间产品。这种方法减轻了第二种方法的低估现象，较为科学。由于 BEC 方法应用的简便和相对科学，目前采用 BEC 方法测度中间产品贸易状况越来越广泛。

2.1.1.2　中间产品贸易与技术溢出效应

国外学者对中间产品的技术溢出效应的关注较早。克鲁格曼（Krugman，1979）认为进口中间产品，通过技术溢出效应能够产生比国内投入品更高的福利产出。西尔（Ethier，1982）和马库森（Markusen，1989）通过建立一般均衡理论模型，并进行推演分析，得出结论：融合不同的部件比简单的组装更能引致生产率提升。

聚焦内生经济增长的文献也突出强调了国外进口投入品对一国经济增长以及企业生产效率的促进提升作用（Romer，1990）。罗默（Romer，1987）、里维拉－巴蒂斯（Rivera－Batiz）和罗默（1991）研究发现进口中间产品可以通过提高生产者全要素生产率和降低研发成本两种渠道促进全球经济增长。而格罗斯（Grossman）和赫尔普曼（1991）从产品质量视角，提出进口中间产品的技术溢出存在“垂直效应”，即进口中间产品比国内相关产品的质量高，容易产生质量转移效应。哈普恩等人（Halpern et al.，2011）总结出两种进口中间产品促进生产率提升的作用机制：质量转移和种类互补机制。质量机制是指企业通过进口质量更高的中间产品，从而得以提升企业生产率；互补机制是指，采用不同种类的中间产品（进口和国内）可以创造更多的收益。

实证方面，随着宏观贸易数据的逐渐可获得，一些学者开始运用各国宏观数据展开经验分析，经验研究结果表明进口中间产品主要通过技术溢出和竞争效应实现进口国全要素生产率水平的显著提升（Coe，Helpman，1995；Barro，1997；Coe et al.，1997；Xu，Wang，1999；Eaton，Kortum，2004；Acharya，Keller，2009）。这些学者普遍认为进口中间产品包含着工业化国家长期研发投资的成果——前沿技术，发展中国家可以通过进口中间产品获得直接的技术溢出效应提高最终产品的产出。另外，发展中国家还可以通过进口中间产品还可能激发学习研究新产品的动力，获得间接效应。

而基于微观数据的经验研究则主要聚焦于进口中间产品对企业生产率的影响。利源和罗德里格（Kasahara 和 Rodrigue，2008）采用智利制造业企业面板数据，研究发现进口中间产品能够促进智利进口企业生产率水平的提高。哈普恩等人（Halpern et al.，2011）采用匈牙利企业数据，分析发现进口中间产品可以较大幅度提高匈牙利企业的全要素生产率，其中超过50%的提高来源于国内外中间产品的不完全替代。库格勒和伍霍根（Kugler and Verhoogen，2012）采用哥伦比亚制造业企业数据，研究发现进口高质量的中间产品可以提高企业生产率，从而使得企业能生产出高质量产品，并以较高的出口价格出口。利源和拉帕姆（Lapham，2013）拓展了异质性企业模型，认为更多样化的中间产品能够提升企业要素生产率。

更有一些学者通过划分中间产品的进口来源地，考察不同进口来源地的中间产品对企业生产率的技术溢出效应的差异化影响。卢夫和安德森（Lööf and Andersson，2010）使用1997～2004年瑞典制造业企业数据，研究发现进口中间产品的来源地对企业生产率的影响不一样，来自发达国家或地区的中间产品影响更大。斯维兹和沃奇斯基（Sweets and Warzynski，2010）采用丹麦1998～2003年企业微观层面数据，通过划分不同的进口来源地，区分进口投入品的成本和技术及质量效应对企业生产率的影响，他们研究发现来自于经济合作与发展组织（OECD）国家和低工资水平国家的进口投入品都促进了生产率改善。巴斯和斯特劳斯·卡恩（Bas，Strauss－Kahn，2013）采用法国企业数据，将中间产品的进口来源地划分为发达国家和不发达国家，研究发现不同来源地的中间产品都促进企业全要素生产率提高，并促进了企业出口范围的增长。

2.1.2 国内研究现状

目前国内学者对中间产品贸易的研究较少，对中间产品进口的技术溢出效应的探讨则集中在中间产品进口对劳动力需求、垂直分工和工资差距的影响（盛斌和马涛，2008；马涛，2009；喻美辞和喻春娇，2006；喻美辞，2012；喻美辞和熊启泉，2012）。涉及进口中间产品的已有研究大都聚焦在宏观或行业层面。

朱春兰和严建苗（2006）采用1980～2003年我国贸易数据，测度进口贸易对经济增长的贡献，研究发现进口促进初级产品的全要素生产率提升的作用小，对工业制成品的全要素生产率提升的作用大。戴翔和张二震（2010）以贸易差额为研究对象，中间产品进口等为主要解释变量，采用多种回归方法研究发现中国中间产品进口的增加通过“出口产出能力扩张效应”和“出口多样化效应”对贸易顺差产生了显著的积极影响。赵伟和钟建军（2013）通过构建一个内生化的中间产品质量模型，基于 BACI 数据库 1995 ~2009 年 38 个国家或地区的制造业中间产品进出口贸易数据，实证检验发现劳动成本与进口中间产品质量之间存在“U”型非线性关系，即面对高劳动力，生产率高的企业倾向于进口高质量中间产品以匹配高素质劳动者。

随着企业微观层面的数据可获得，一些学者开始从企业异质性视角考察中间产品进口对企业生产率的影响。陈勇兵等（2012）建立理论模型，基于中国制造业企业微观数据，首次考察了进口中间产品对企业全要素生产率的影响，研究发现进口中间产品对企业全要素生产率的提高具有显著的促进作用。曹亮等（2012）采用中国工业企业数据库和海关数据库的合并数据，分析了进口中间产品与企业全要素生产率之间的因果效应。研究发现进口中间产品促进了企业全要素生产率的提高，而且这一因果效应在不同规模的企业中表现不同。熊力治（2013）同样采用中国制造业企业微观数据，使用 OP 方法估算全要素生产率，研究结果表明使用中间产品进口能促进本土制造业生产率提高，存在显著的短期和中长期进口学习效应。

2.2 国际贸易领域关于产品质量的研究

随着经济全球化的深化发展，在全球价值链以及生产网络中的贸易利得和所处分工地位，对一国的经济发展和贸易增长产生多方面的深远影响。而产品质量作为参与国际贸易和新国际分工的新竞争利器，自然备受关注。在国际经济学领域，关于国际贸易中产品质量问题的研究也一直伴随着贸易理论的发展步伐。我们分别概括总结国外学者和国内学者的研究文献，并进行简要述评，以期梳理出以往学者的研究脉络，探讨蕴藏其中的思想火花。

2.2.1 国外研究现状

国外学者对国际贸易中产品质量问题的研究，追根溯源，最早起源于林德（Linder，1961）。林德（1961）首次将产品质量作为影响国际贸易模式的重要决定性因素，提出收入水平相近的国家对相似的产品存在相似的需求。高收入国家存在生产高质量的产品的资本要素比较优势，因此高收入国家比低收入国家出口和消费更多的高质量产品，收入水平相近的国家更易开展贸易。自从林德（1961）提出需求相似理论之后，采用理论模型推导产品质量与国际贸易以及经济增长之间关系的文献不断涌现。随后，随着大量贸易数据的可获得，学者们又逐渐转向运用实证研究方法对以往的理论模型研究推导的结论进行分析、验证和创新。我们从学者们的研究步伐，梳理出他们对国际贸易中产品质量问题的思考路径。

1. 产品质量的测算方法

相较于技术复杂度、贸易二元边际测算的标准性、可操作性，关于质量测算一直都未能出现一种被学界广泛接受的测算方法，这也是使得产品质量方面的研究进展缓慢的重要原因之一。

目前，产品单位价值（Unit Value）是较为常见且被广泛应用的一种质量测算方法，通过贸易产品的货币金额除以贸易数量而得到的每单位产品的价值。一般情况下，单位价值高的产品被认为质量更高，在这样的假设前提下可以被用来衡量一国进口产品的质量差异，也可以用来衡量一国不同时间出口的产品质量差异，还可以用来衡量不同进口和出口国家产品的质量差异（Schott，2004；Manova，Zhang，2012；Bastos，Silva，2010），但是产品单位价值受到了诸多因素的干扰，例如，通货膨胀、汇率、成本，等等，并不能有效地反映单位价值。

另外，从需求角度出发，衡量产品质量就必须考虑产品的市场份额，即市场份额越高的产品，其产品质量越高。伯纳德等（Bernard et al.，2006），哈拉克和肖特（Hallak and Schott，2011）、艾密特（Amit，2011）、鲍德温和哈里根（Baldwin and Harrigan，2011）打破了产品单位价值等价于质量的假设，运用事后反推的思路测算产品质量，这样就可以运用市场销售量、价格数据等信息反推产品质量。

2. 考虑产品质量差异的贸易理论模型

在林德（1961）提出重叠需求理论之后，一些学者开始采用一般均衡模型考察产品质量对国际贸易模式的影响。弗洛姆和赫尔普曼（Flam and Helpman，1987）提出南北贸易动态模型，并考虑产品垂直差异。他们假设，北方国家出口高质量产品，南方国家出口低质量产品。生产技术的迅速发展使得北方倾向于将低质量产品的生产转移到南方国家，因此促进了国与国之间产业间贸易与产业内贸易的转换。国与国之间产品质量垂直差异以及消费者对产品质量差异化需求导致了国际贸易模式的变化。

斯托基（Stokey，1991）扩展了弗洛姆和赫尔普曼的南北贸易理论模型，提出劳动生产率的提高会促进工人相对工资水平上升，对北方国家的高质量产品的需求上升，促使南北贸易额增长。

墨菲和施莱弗（Murphy and Shleifer，1997）扩展了大卫·李嘉图的理论模型，认为由于人力资本存量和水平较高的国家在生产高质量产品方面存在比较优势，同时收入水平相近的国家在产品质量消费方面也存在相似需求，因而国家出于产品质量相似的原因，更倾向与处于相似发展水平的国家开展贸易。

格罗斯曼和赫尔普曼（1991）建立产品更新理论模型，假设每一种产品在其质量阶梯上保持持续更新。他们将产品创新视为一种持续创造产品水平差异的过程，研究发现质量增长对经济增长存在促进作用，强调了产品质量对经济增长以及贸易模式的重要性。

3. 从理论模型发展到理论与实证研究结合

（1）供给方面。随着大量微观贸易数据的可获得，学者们开始转向将理论模型分析与实证研究相结合，扩展理论模型，并辅以实证分析加以验证。胡默尔和克列罗（Hummel and Klenow，2005）采用1995年126个出口国家与59个进口国家之间产品层面的贸易流量数据，尝试性从集约边际、扩展边际两个方面对一国的贸易展开分析，并进一步将集约边际分解为价格和数量，从价格的角度分析产品质量差异对出口的影响。研究发现规模更大的国家出口额更大，出口产品种类更多，出口产品质量更高。其中，出口额的60%通过扩展边际实现，富裕国家由于生产的产品质量更高，因而向市场出口更多。

肖特（Schott，2004）采用美国产品层面进口贸易数据，研究发现产品的单位价值随着出口国家的要素禀赋和生产技术而变化，验证了产品内分工理论。同时，他还提出高收入水平国家可以通过自身的要素禀赋优势提高本国生产的产品质量，而美国消费者愿为来源于高收入国家的产品支付更高的价格。肖特从供求的角度解释了产品质量与国际贸易之间的关系。

布鲁克斯（Brooks，2006）采用1981～1991年哥伦比亚微观企业数据，首次提出二维生产率——产出生产率（Output Productivity）和质量生产率（Quality Productivity），从产品质量的角度解释了哥伦比亚企业出口密度较低的原因，研究发现企业出口密度随着产品质量的提升而提高。他的研究结论为解释发展中国家的出口贸易模式提供了全新的视角。

继布鲁克斯（2006）提出二维生产率之后，哈拉克和西瓦达萨恩（Hallak and Sivadasan，2013）建立企业异质性模型，将二维生产率发展为“过程生产率”和“质量生产率”，假设冰山贸易成本随着质量的提升而递减，并考虑出口企业溢价。他采用印度、美国、智利和哥伦比亚制造业企业数据，研究发现在控制了企业规模的情况下，出口企业以更高的价格出口质量更高的产品，为进口投入品支付更高价格，支付更高的工资水平，资本使用密度更高。他的研究强调了二维生产率的区别以及质量生产率对企业出口行为的影响。

艾尔布尔和奥库布（Helble and Okubo，2008）建立企业异质性模型，考察产品质量差异对相似经济体之间贸易的影响，并采用美国和欧盟15国之间详尽的出口贸易数据，验证了模型的预测结论：第一，相较于国内销售的产品，出口产品的质量更高；第二，大国比小国具有更高的平均出口质量水平；第三，贸易成本的上升，促使更多国家生产出高质量产品参与贸易，即贸易成本倒逼机制。

赖勒和余（Kneller and Yu，2008）构建一个考虑了产品质量差异和价格地理歧视的企业异质性模型，采用中国企业数据，验证以下结论：第一，贸易成本对产品质量具有正向影响；第二，人均GDP对产品质量的影响也是显著为正；第三，对于进口国而言，贸易规模对产品质量产生负向影响。

哈拉克和肖特（2011）提出了一种测度出口产品质量的新指标，通过理论模型分析，将被视为不纯净价格指数的出口产品价格，分解为质量和纯净价格指数，他提出的测度产品质量的方法一定程度减轻了使用单位产品价值衡量产品质量的偏误和噪声。

鲍德温和哈里根（Baldwin and Harrigan，2011）通过假设消费者存在质量偏好和企业生产的产品存在质量异质，扩展了梅里兹（2003）的理论模型，采用美国海关产品层面的数据，研究发现最具竞争力的企业生产的产品质量最高，向出口市场收取更高的产品价格，倾向将最昂贵的产品销售到偏远的市场。采用葡萄牙企业数据，研究发现产品的船上交货价（FOB）单位价值与出口市场的收入水平以及与本国偏远距离呈正相关关系，生产率高、产品质量高的企业更易进入门槛高的市场。鲍德温和哈里根（2011）、巴斯托斯和席尔瓦（2010）的研究，提出了企业出口到每个市场的每种产品的单位价格角度研究地理与贸易的关系，初步探讨了地理与产品质量之间的联系，具有标志性意义。卢科弗斯基和斯科巴（Lugovskyy and Skiba，2012）构建了一个考察双边贸易产品质量与出口企业地理位置之间关系的理论模型，模型结论表明出口到高收入国家和偏远国家可以促进低收入国家产品质量的提高。他们的实证分析验证了地理因素是影响出口产品质量的重要因素，为后续研究地理与质量之间的关系提供了理论框架。

库格勒和伍霍根（Kugler and Verhoogen，2012）假设投入品和产出品质量内生，构建企业异质性理论模型，采用哥伦比亚制造业企业数据，研究发现规模越大的企业的产出品价格越高，并愿为投入品支付更高的价格。产出品和投入品的质量差异是企业规模与产品价格之间相关关系的决定性因素，这从另一种企业异质性角度扩展了梅里兹（Melitz，2003）的研究。

约翰逊（Johnson，2012）通过构建一个考虑了企业异质性的多国模型，采用源自 BACI 数据库的行业层面贸易数据，考察了出口参与、贸易量与产品单位价值的相关关系。研究发现，在大部分行业，产品价格随着出口目的地市场的进入的困难程度而上升。这一结论与考虑质量异质性的理论模型相一致，即效率最高的企业选择生产高质量产品，并制定更高的单位价格。

克洛泽等（Crozet et al.，2012）利用葡萄酒评级直接替代产品品质，采用法国葡萄酒出口企业的质量问题，研究发现产品质量与企业价格、市场准入以及需求呈现正相关关系而提高。克洛泽等人的研究，视角独特，构思精巧，但其方法不具有普遍性。

马洛瓦和张（Manova and Zhang，2012a）利用海关数据分析了中国微观企业出口价格差异性问题，研究发现收益最高的企业采用高质量的投入品，并生产高质量产品；企业出口各个市场的产品质量取决于投入品质量的差异。马洛瓦和张（2012b）扩展了生产差异化产品的多产品企业模型，但研究结论相似。

（2）需求方面。一些学者用从需求的角度，运用国家和地区间的产品质量差异和时序变化来解释经济现象和微观企业行为。胡和罗伯兹（Aw and Roberts，1986）使用指数衡量的方法，采用 1977～1981 年鞋袜进口额度数据，通过测度产品及国家间的进口替代，比较了美国、韩国和中国台湾地区的产品质量差异。芬斯特（Freenstra，1988）通过采用 1979～1985 年日本汽车的进口额度限制海关数据，研究发现进口的日本汽车受进口额度的影响，质量升级明显。也就是说，受额度限制影响，日本逐渐提高了向美国出口的汽车质量。利默（Leamer，2006）认为产品质量的差异可能导致国家之间产品的竞争，从而对一国贸易、行业的就业和产出产生影响。

巴利（Berry，1994）在一个考虑产品差异化的垄断竞争市场，假设消费者的效用取决于产品特征和个人偏好参数，企业决定产品价格，采用离散选择模型方法分析差异化产品的供给与需求。哈德尔沃尔（Khandelwal，2011）在巴利（1994）分析差异化产品市场的离散选择模型方法的基础上，克服了产品价格替代产品质量的假设，采用美国 1998～2001 年数据测算各国对美国出口的产品质量，并分析美国受到中低收入国家进口竞争影响的差异性，研究发现较低的关税税率促进了处于世界质量阶梯顶端产品质量升级。

哈德尔沃尔（2010）通过产品的价格和市场份额信息构建一种测度产品质量水平差异和垂直差异的方法，估计出美国进口产品的质量阶梯，分析发现占市场份额大的产品质量更高，质量阶梯较长。

哈拉克（Hallak，2006）采用 60 个国家 1995 年双边贸易横截面数据，验证了理论模型的推论，即富裕国家更倾向从生产高质量产品的国家进口。通过假设更高的收入水平对高质量产品的需求偏好就越强，从需求角度论证了产品质量对贸易模式的影响。

法基厄尔巴姆等（2011）通过构建一个兼顾产品垂直和水平差异的理论框架，假设消费者具有异质性收入水平和质量偏好，消费者对高质量产品的需求随着收入水平而上升，得到一个嵌套的logit需求函数，考察不同收入水平和市场规模国家间的贸易模式。他们的理论模型最终得出，因“本土市场效应”而产生的需求促进了国与国之间贸易的开展。他们的理论模型从需求角度解释了富裕国家出口高质量产品的原因，并为研究一国经济体内不同收入水平群体的贸易福利、贸易成本以及贸易政策提供了有效的分析工具。

还有一些学者构建企业异质性理论，利用价格和数量信息通过反推产品需求的方法测算产品质量，研究发现除了异质生产率外，产品质量的需求也是决定企业选择进入出口市场的重要决定因素（Joel，2011；Mark et al.，2012；Gervais，2012）。

（3）产品质量升级研究动态。在国际贸易中产品质量升级效应方面，一些学者认为当产品质量升级与一国人均收入之间存在积极正相关关系时，质量升级在国际贸易中还促进了工资收入的不平等。戈德堡和帕维克里克（Goldberg，Pavcnik，2009）认为质量升级同样可以通过对熟练工人的相对需求而影响收入。质量的专业化分工可以部分解释贸易自由化之后导致的发展中国家的收入不平等，这一结论与斯托帕尔——萨缪尔森推测相反。

伍霍根（Verhoogen，2008）基于理论模型，并采用墨西哥制造业企业微观数据，为贸易与行业内工资不平等提供了一种全新的解释机制——质量升级，即认为国外市场对产品质量升级的需求可以通过对国内熟练技术工人相对需求的变动影响工人工资收入，从而导致工资不平等。他的研究结论从另一个侧面验证了技能溢价的存在，即具有熟练技能的工人的工资水平更高。

布莱姆等（2012）从出口目的地视角研究发现由于高收入国家存在对产品质量存在较强的偏好，使得向高收入国家出口企业比出口企业和国内企业雇用更多熟练技术工人和支付更高的工资水平，即伍霍根（2008）提出的质量升级效应影响出口企业的技能构成。他们的研究从另一个侧面证明了富裕国家对产品质量的需求影响了企业出口行为。

2.2.2 国内研究现状

国内关于国际贸易中产品质量问题的研究方兴未艾，文献较少且视角较为散乱。为了理清国内学者的研究主线，我们将国内研究文献分为理论研究与实证研究两个方面。

2.2.2.1 理论研究

随着梅里兹（Melitz，2003）开启的新新贸易理论时代来临，国内学者深受影响，开始从企业异质性角度研究产品质量差异以及质量升级问题。殷德生等（2011）通过建立一个考虑产品质量升级的企业异质性理论模型，探讨贸易成本、技术溢出、规模经济对产品质量的影响渠道和结果。他们研究发现，贸易成本的下降有效促进产品质量升级，并为中间产品生产部门带来了显著的技术溢出效应和规模经济，由此激励发展中国家的模仿活动和发达国家的创新活动。

鲍晓华和金毓（2013）构建质量异质性企业模型，基于需求角度探讨收入差距对企业质量选择和行业生产率的影响。理论模型推导结论认为，一国的收入差距影响企业产品质量选择及实施产品质量升级的企业比例，进而影响行业生产率；一国实施产品质量升级的动力还来自贸易伙伴国对产品质量的需求，而这种需求又由贸易伙伴国的收入差距决定。

2.2.2.2 实证研究

基于微观数据的可获得，国内一些学者开始从企业或产品微观层面探讨产品质量问题。殷德生（2011）采用四位数的行业贸易数据，实证检验影响中国出口产品质量提升的决定因素与变动趋势。研究发现单位贸易成本的下降、出口规模的增加以及贸易伙伴国经济规模的扩大都显著地促进了中国出口产品质量的提升。

刘伟丽和陈勇（2012）拓展了法基厄尔巴姆等（2011）的国际贸易产

品质量模型，使其更为适用发展中国家国情的产品质量理论模型，并利用2000～2008年中国海关产品八位码的海关进出口企业和产品月度数据进行实证分析。他们基于产品单位价值、市场份额和人均GDP等变量来测算最终产品和中间产品质量，研究产业质量阶梯与全要素生产率的相关性，比较美国的产业质量阶梯。研究发现，中国进口的最终产品质量高于中间产品质量，加工贸易的发展可以促进出口和产品质量升级。

赵伟和钟建军（2013）引入非位似需求函数与CES生产函数，构建了一个内生化的中间产品质量模型，考察劳动成本与进口中间产品质量之间的相关关系。实证研究发现，劳动成本与进口中间产品质量之间存在“U”型非线性关系，即面对劳动成本高企，高生产率企业为了匹配高素质劳动者，倾向于进口高质量中间产品，进而可以缓解劳动成本上涨压力。

施炳展（2013）打破单位价值等价于质量的假设后，基于中国海关数据库首次测算分析了中国企业出口产品质量异质性状况。他发现：产品质量越高，出口持续时间越长、广度越大；受生产低质量产品企业的大量进入影响，本土企业产品质量总体水平下降，与外资企业差距不断拉大，提升产品质量应该成为本土企业的更高目标。

施炳展和李坤望（2013）基于巴里（1994）和哈德尔沃尔（2011）理论模型基础上，引入嵌套logit模型，基于1995～2006年中国向美国出口贸易数据，测度中国出口产品品质及决定因素。研究发现中国出口产品品质呈不断下降趋势，行业资本密集度和技能密集度越高，出口产品品质越低。

李坤望和王有鑫（2013）提出FDI促进出口产品质量升级的微观机制，然后利用1999～2007年产品层面的贸易数据对微观机制进行实证检验。研究发现，FDI稳健地提高了我国出口产品质量，外商投资对产品质量的提升作用要强于港澳台地区投资。研发密度、人均工资等也对产品质量升级起到了积极的作用。

王明益（2013）首先从理论论证内外资技术差距对出口产品质量升级可能存在倒“U”型关系，然后采用修正的出口质量指数测度衡量出口质量水平，选取1992～2012年我国制造业7个代表性行业为研究样本进行实证分析。研究结果表明，我国部分制造业行业确实存在这种倒“U”型关系；

合理的技术差距能够显著地提高出口产品质量。他提出引资要充分考虑技术差距的合理性、技术的来源地，适当引导外资与一般贸易方式相结合，加强研发与较高水平人力资本的培育等。

2.3 中间产品与出口质量的研究

研究中间产品与出口质量的文献极为匮乏。国内学者殷德生（2011）以这两个部门为基本设定，将产品质量纳入理论框架中，构建了产品质量升级理论模型。他的理论模型虽然并未深入探讨中间产品对一国出口质量的影响，但是却通过将中间产品作为最终产品生产过程中的重要投入的方式，首次考虑中间产品在质量异质性产品生产过程中的作用。钟建军（2014）基于哈拉克和西瓦达萨恩（2013）理论模型，构建一个进口中间产品质量与最终产品质量之间相关关系的理论，初步阐释了进口中间产品质量与最终产品质量呈正相关关系。德米尔（2013）以南方和北方国家对产品质量和中间产品质量的不同需求为假设前提，构建贸易模型，研究认为进口中间产品种类的增长会改善本国的产品质量和促进出口。Demir构建的贸易模型首次考察了进口中间产品的贸易行为对本国产品质量的影响。本书正是基于德米尔的理论模型对进口中间产品影响出口质量的作用机理进行详细分析。

2.4 简要评述

本节分别从中间产品贸易、国际贸易中产品质量两个方面对相关文献进行回顾和梳理，整理归纳之后发现国内外学者对中间产品进口以及出口质量问题的研究不断深入，在理论模型和实证检验上均有建树，但对一国进口中间产品将如何影响出口质量仍存在留白，尤其是在新新贸易理论提出的二元边际视角下中间产品进口对我国制造业出口质量的影响鲜有涉及，基于此对现有成果进行简要评述。

首先在理论研究中，南北动态贸易理论模型逐渐开始考虑中间产品进口与产品质量差异问题，而异质性企业模型的出现俨然已经成为考察中间产品进口对出口质量作用机理的另一个非常有效的工具。大量文献基于考虑了产品质量差异的贸易理论框架，通过不断改变产品同质性的假定，依据对产品质量差异的分析获得了较为丰硕的理论成果。但是，单纯对产品同质的假定进行修改，而不去从根源上探究造成产品质量异质性的原因，仍然无法取得理论研究上的较大进步。随着中间产品进口成为进口产品贸易中比重越来越大的部分，其影响已经不容忽视。因此，考察中间产品进口对我国制造业出口质量的影响是一个尚待解决的问题。

在实证研究方面，中间产品进口的技术溢出效应、产品质量问题、企业异质性与产品质量等方面的研究已经取得较大的进展。丰富的研究成果引导人们认识到出口质量将成为出口增长的新源泉和出口竞争的新利器，而且对产业结构调整优化、经济发展方式转型升级、调节贸易条件具有重大意义。然而，我们不难看出，采用中国数据测度中国出口质量、探讨促进出口质量升级的相关研究相当匮乏，尤其是关于中间产品进口对出口质量的影响的研究几乎是空白。

通过梳理相关文献可知，目前对于中间产品进口对我国制造业出口质量的研究寥寥无几，更不用说基于新新贸易理论中的二元边际视角，而且中间产品进口的技术溢出影响机理也尚未形成较为完整的理论和多维度实证研究体系。鉴于上述研究的留白，本书写作的主要目的有三：第一，全面揭示中间产品进口对出口质量影响的微观机理。通过贸易理论模型和异质性企业模型，发掘推导出中间产品进口影响出口质量的微观机理。第二，完整描述我国进口贸易中间产品进口的二元边际现实特征，对我国的中间产品进口的现状及二元边际展开翔实的分析和阐述。第三，采用更为适用的测度方法衡量出口质量，并与我国主要的贸易伙伴国进行国际比较，分析得出我国出口质量在全球价值链中的地位，然后采用不同的数理方法，多层面计量检验中间产品进口对我国制造业出口质量的影响。

第 3 章

中间产品进口二元边际影响出口质量：理论基础

最早开始探讨一国出口产品质量问题的是林德（1961），他提出的需求相似理论认为，收入水平相似的国家对相似产品存在着相似需求，即高收入国家之间更易开展贸易，因为高收入国家出口和消费更多的高质量产品。林德的需求相似理论首次从需求的角度指出了影响产品质量的重要因素——资本要素，高收入国家由于存在生产高质量产品的资本要素比较优势，因此更易生产出高质量产品。墨菲和施莱弗（1997）通过拓展大卫·李嘉图的理论模型，提出人力资本存量和水平较高的国家在生产高质量产品方面存在比较优势，进一步验证了林德的研究结论。对于那些不存在资本要素优势的低收入国家如何摆脱出口低质量产品的困境？如何才能提高本国出口产品质量呢？本书试图从中间产品进口的二元边际视角诠释通过进口中间产品促进本国出口质量的提升。那么，进口中间产品将如何促进本国制造业出口质量的提升？其中存在着怎样的作用机理？本章基于研究目的，将从影响产品质量的重要因素开始，先分别简要介绍弗洛姆和赫尔普曼（1987），法基厄尔巴姆等（2011）的理论模型和进口中间产品的技术溢出效应模型，然后借鉴德米尔（2013）理论模型考察进口中间产品与出口产品质量之间的相关关系，并从二元边际视角阐述进口中间产品促进本国制造业出口质量提升的作用机理。

3.1 考虑产品质量差异的贸易模型

继林德（1961）之后，一些学者开始探讨产品质量与经济增长、贸易模式之间的关系。弗洛姆和赫尔普曼（1987）提出的考虑产品质量垂直差异的南北贸易模型，以及格罗斯曼和赫尔普曼（1991）构建的产品质量阶梯更新理论模型都认为产品质量的提高对一国经济增长存在促进作用，并着重强调了产品质量对国际贸易模式的重要影响。

3.1.1 南北贸易模型

其中，弗洛姆和赫尔普曼（1987）的南北贸易模型假设国家间存在两种商品，一种为同质产品，消费数量不限；一种是存在垂直差异的产品，数量给定，可从市场上的产品集中购买。消费者的效应函数为拟凹曲线 $u(y, z)$，通过预算线约束条件最终推导得出均衡。y 是同质商品的数量，z 是异质性商品的质量。收入水平为 I 的消费者的效用最大化约束条件为：

$$\max u(y, z) \text{ s.t. } y + p(z) \leqslant I, \ y \geqslant 0, \ z \in Z \tag{3-1}$$

这里，$p(z)$ 是质量 z 的价格，同质商品的价格为1，Z 是市场上可得的产品质量集合。

模型假设存在着两类国家：劳动要素充裕的经济体［南方国家（地区）］和技术要素相对充裕的经济体［北方国家（地区）］。对于两类国家而言，一单位劳动力生产一单位同质商品，但是异质性商品的生产投入在国家间存在差异。令 $a(z)$，$a^*(z)$ 是南方和北方生产一单位质量 z 的投入。这些函数均是凸函数，并随着 z 递增。北方国家在生产高质量产品方面具有比较优势，即 $a(z)/a^*(z)$ 随着 z 递减。假设南方国家生产同质产品，工资水平为1；而北方国家的工资水平 $w \geqslant 1$。因此，质量为 z 产品的供给价格为：

$$p(z) = \min[wa(z), \ a^*(z)] \tag{3-2}$$

根据式（3-2）我们可以得出：南方国家是低质量产品的供应商；北方国家是高质量产品的供应商。比较优势上的打破均衡点在于产品质量水平 $\bar{z}$ 满足 $wa(\bar{z}) = a^*(\bar{z})$。收入预算曲线为：$y = I - p(z)$。

我们得到消费效用函数以及成本函数如下：

$$u(y, z) = ye^{\alpha z} \tag{3-3}$$

$$a(z) = e^{\gamma z}/A \tag{3-4}$$

$$a^*(z) = e^{r^* z}/A^* \tag{3-5}$$

其中，$\alpha > 0$，γ^*，$\gamma > 0$。只要满足 $\gamma^* > \gamma$，北方国家则在生产高质量产品方面存在比较优势。

弗洛姆和赫尔普曼（1987）的理论模型按照以上基本设定，在拓展中考虑了收入分配效应、人口增长和技术进步对贸易模式的影响。他们的理论模型较为丰富的讨论了动态贸易模式，并重点解释了高质量产品和低质量产品在国家间的生产转移，即不发达国家逐渐开始生产那些在发达国家生产的产品。

他们将产业内贸易的产生归因于不同收入水平的消费者对不同质量水平产品需求不同，在给定的一国内，产品质量水平集无法完全与消费者的需求相匹配。产业内贸易模式反映了国家间技术和收入分配的差异，北方国家出口高质量产品，南方国家出口低质量产品。南方国家快速的人口增长和技术进步是经济增长的驱动力，研究发现人口增长导致了产业内贸易的扩大，但并未改变原来的贸易模式。南方国家快递的人口增长拉大了收入差距，但是技术进步同时缩小这一差距，因为它降低了北方国家的工资率。不断下降的工资和南方国家不断上升的工业品生产效率最终促成了生产和贸易模式的转变，其根源在于（1）南方国家在生产同质产品上的成本优势将随着北方国家工资率的下降而消失；（2）因为技术进步的速率被证实比北方国家工资率下降的速度要快，南方国家将在生产异质性产品方面更具竞争力。因此，北方国家将专业生产同质产品，而南方国家则仅生产异质性产品。

3.1.2　产品质量影响贸易模式的理论模型

在南北贸易模型的基础之上，法基厄尔巴姆等（2011）以消费者具有异质性收入水平和质量偏好，消费者对高质量产品的需求随着收入水平而上升为假设前提，构建一个兼顾产品垂直和水平差异的理论框架，考察不同收入水平和市场规模国家间的贸易模式。他们的理论模型从需求角度解释了富裕国家出口高质量产品的原因，并为研究一个经济体内不同收入水平群体的贸易福利、贸易成本以及贸易政策提供了有效的分析工具。我们下面进行简要的介绍。

1. 偏好和需求

他们的理论模型假设每个人可以消费一种同质商品，并可以从市场上的异质商品集中选择最佳消费组合。1 单位的同质商品的生产需 1 个单位的劳动力投入，而 1 单位异质商品的生产则需要 1 单位固定劳动力投入和 1 单位可变投入。设定的消费者效用函数如下：

$$u_j^h = zq + \varepsilon_j^h,\ j \in J_q \tag{3-6}$$

j 表示个人消费异质性商品某一个种类，J_q 表示质量为 q 的异质性商品集合。ε_j^h 个人对消费商品组合的主观评价。z 表示消费的商品数量。

在这里设定 ε 系数服从广义极值分布（GEV），分布函数如下：

$$G_\varepsilon(\varepsilon) = \exp[-\sum_{q \in Q}(\sum_{j \in J_q} e^{-\varepsilon_j/\theta_q})^{\theta_q}]$$

然后，我们针对一个具有 y^h 收入水平和主观评价参数为 ε^h 的消费者，通过效用最优化条件求解其消费数量。求解得到：

$$p_j(y) = p_{j/q} \cdot p_q(y) \tag{3-7}$$

2. 企业定价和利润

企业可以通过雇用 f_q 单位的劳动力选择生产某一种质量水平 $q \in Q$，自由进入异质性产品生产行业。生产者使用 c_q 单位劳动力生产一单位质量为 q 的产出。企业设定一个能够使它实现利润最大化的价格，同时总价格指数给定。企业生产质量为 q 的产品 j 的利润函数为：$\pi_j = d_j(p_j - c_q) - f_q$。那么，企业利润最大化的价格：

$$p_q = c_q + \frac{\theta_q}{q},\ q \in Q \tag{3-8}$$

3. 封闭经济条件下的均衡

为了求解在封闭经济条件下的均衡，我们首先定义 x_q 是企业生产的质

量为 q 的商品数量，并依据式（3－8）进行定价销售，我们可以得到

$$x_q = \frac{f_q q}{\theta_q},\ q \in Q \tag{3-9}$$

“打破均衡”的数量取决于固定成本和利润边际的大小，因此式（3－9）即是在市场达到均衡状态时可以从市场上购买到的任一质量水平的商品数量。在封闭经济体中，对某种质量水平的商品需求必须达到“打破均衡”的数量，否则生产这种质量水平产品的企业无法在行业中盈利，即企业数量 $n_q > 0$，需要 $d_q = x_q$；如果，$d_q < x_q$，则 $n_q = 0$。因此，异质性产品的总产出量与人口规模 N 相匹配，即

$$\sum_{q \in Q} n_q x_q = N \tag{3-10}$$

因此我们似乎可以得出，除了收入水平外，市场规模也是影响产品质量的重要因素。

4. 国际贸易条件下的产品质量

为了进一步分析国际贸易中的产品质量问题，我们引入两个国家，它们在市场规模和效率劳动力的分布上都存在差异。这里暂时不考虑决定贸易模型的供给方面的因素，例如，比较优势等，我们集中考虑因为收入差异而导致的非同质偏好。两个国家按照收入水平被设定为富国和穷国。模型同时假设异质性产品参与国际贸易会产生贸易成本，即存在冰山成本 τ_q。

国际贸易中的运输条件会相对提高服务国外消费者的成本。对于质量为 q 的商品而言，出口一单位的边际成本为 $c_q + \tau_q$，而对于当地消费者的供给成本为 c_q。因此，生产质量为 q 的企业为了实现自身利润最大化，面对国外消费者的定价为 $c_q + \tau_q + \theta_q/q$，国内消费者定价为 $c_q + \theta_q/q$，θ_q/q 是边际收益。富国的消费者对高质量产品存在着更大需求，并能接受较高的定价。基于利润的考虑，当定价能够抵消贸易成本之后使得企业存在一定的盈利，企业将更趋向于向富国出口质量水平高的产品，因此在国际贸易条件下，我们可以推断贸易成本也是一国出口质量的重要影响因素。

法基厄尔巴姆等（2011）的理论模型对产品质量与贸易模式之间的关系得出如下结论：（1）市场规模相似的国家，富国将出口更多超过平均质

量水平的产品；（2）当贸易成本足够小时，一国更倾向于向富国进口高质量产品；（3）当一国向市场规模相似的两个不同国家出口同一质量水平的产品时，它向与自己收入水平相近的国家出口量更大。他们的理论模型推断得出市场规模、贸易成本和收入水平是影响一国出口质量的重要因素。

3.1.3 国际贸易、企业异质性与产品质量升级模型

以上理论模型的核心主题都是围绕产品质量与贸易模式之间的相关关系，鲜有细化到产品的生产过程中，探讨影响最终产品质量问题的因素。鉴于此，我国学者殷德生（2011）构建了一个国际贸易、企业异质性与产品质量升级的理论框架，在他的理论模型中，考虑了中间产品部门，本节将进行简要引用介绍其理论模型。

殷德生（2011）参照以往学者的贸易模型的结构脉络，将世界设定为两类经济体，一类为劳动要素充裕的经济体（南方国家和地区）；另一类为技术要素相对充裕的经济体（北方国家和地区）。假设每个经济体存在两个部门：最终产品生产部门 y 和中间产品部门 z。由于产品质量差异，两国间存在中间产品贸易，而中间产品的生产企业属于不完全竞争，因此使得将中间产品作为投入品的最终产品生产厂商也是不完全竞争的。

1. 最终生产部门

将最终产品部门 i 生产技术设定为：

$$Y_i = AL_i^{1-\alpha}\int_0^n \tilde{x}_{ij}^{\alpha}dj \tag{3-11}$$

这里，L_i 表示劳动力要素投入，$\tilde{x}_{ij}$ 指代企业 i 第 j 种中间产品的使用数量，如果中间产品经过 k_j（$k_j=0$，1，…，m）次质量升级，则该中间产品的质量等级为 q^{k_j}。

对于质量水平为 q^{k_j} 的中间产品，设其价格为 p_{jk_j}。依据最终产品部门利润最大化问题的一阶条件，求解得到中间产品的数量为：

$$x_{ijk_j} = L_i[A\alpha(q^{\alpha k_j}/p_{ijk_j})]^{\frac{1}{1-\alpha}} \tag{3-12}$$

设定生产 1 单位的最终产品需要 1 单位的劳动力和 t 单位的中间产品。

将南方国家（地区）的工资进行标准化，北方国家（地区）的工资水平设定为 w^*。因此，我们可以得到南方国家（地区）和北方国家（地区）各自最终产品的单位价格如下：

$$p(y)=\frac{1}{\alpha}(1+p_j t) \quad p^*(y)=\frac{1}{\alpha}(w^*+p_j t) \tag{3-13}$$

由于劳动力要素存在流动限制，因此 $w^*>1$。而中间产品的自由贸易使得 $p_j=p_j^*$。通过式（3-13）我们可以得到：$p(y)<p^*(y)$，即南方国家在最终产品的生产具有比较优势。

2. 中间产品部门

由于北方国家（地区）技术要素充裕，所以在技术方面，北方国家（地区）是技术领先者，南方国家（地区）需要进行模仿创新活动（T）以追赶北方。设定 $a(z)$、$b(z)$ 是南方国家（地区）1单位中间产品的劳动力投入和技术要素投入，而 $a^*(z)$、$b^*(z)$ 为北方国家（地区）1单位中间产品的劳动投入和技术投入，$\varepsilon(0<\varepsilon<1)$ 为单位贸易成本。因此，南方和北方国家（地区）的中间产品的单位价格分别为：

$$p(z)=\frac{1+\varepsilon}{\alpha}[a(z,\ T)+rb(z)] \quad p^*(z)=\frac{1+\varepsilon}{\alpha}[w^*a^*(z)+r^*b^*(z)] \tag{3-14}$$

假定技术在两国间具有相同的生产率，即 $b(z)=b^*(z)$。$\frac{a(z,\ T)}{a^*(z)}$是质量 z 的增函数。北方国家（地区）的人力资本相对充裕，因此在高质量中间产品生产商具有比较优势，南方国家（地区）则在低质量中间产品生产上具有比较优势。

殷德生（2011）以这两个部门为基本设定，将企业异质性产品质量纳入理论框架中，他认为，贸易开放使得南方国家（地区）中间产品的进口增加，北方国家（地区）中间产品出口规模增大，因此产生显著的技术溢出效应。技术溢出效应和模仿创新活动提高了发展中国家的生产率和产品质量水平。他的理论模型虽然并未深入探讨中间产品对一国出口质量的影响，但是却通过将中间产品作为最终产品生产过程中的重要投入的方式，首次考虑中间产品在质量异质性产品生产过程中的作用。

3.2 进口中间产品的技术溢出效应模型

殷德生（2011）的理论模型关注了中间产品的技术溢出效应对发展中国家产品质量升级的影响，但未作为重点探讨。中间产品的技术溢出效应一直是国际经济学领域关注的焦点问题，早在20世纪80年代，已有学者研究指出进口中间产品对本国的经济产出和生产效率都存在显著的促进作用（Krugman，1979；Ethier，1982；Markusen，1989）。格罗斯曼和赫尔普曼（1991）首次从产品质量视角，提出进口中间产品的技术溢出存在“垂直效应”，即进口中间产品比国内相关产品的质量高，从而会产生质量转移效应。针对进口中间产品的技术溢出效应的作用机制，最具囊括性的是哈普恩等（Halpern et al.，2011），他总结出两种进口中间产品促进生产率提升的作用机制：质量和互补机制。质量机制是指进口中间产品的质量高于国内投入品从而促进企业生产率提高；互补机制则是指使用不同种类的中间产品（进口和国内）可以创造“整体大于局部”的收益。巴斯和斯特劳斯·卡恩（Bas and Strauss - Kahn，2013）在构建的理论模型中将中间产品的进口来源地划分为发达国家（地区）和不发达国家（地区），研究发现不同来源地的中间产品都促进企业全要素生产率提高，并促进了企业出口范围的增长。本节将介绍巴斯和斯特劳斯·卡恩（2013）的理论模型，以分析中间产品在企业生产最终产品过程中的作用以及对企业利润的影响，梳理出中间产品的技术溢出效应的影响机理。

在巴斯和斯特劳斯·卡恩（2013）的理论模型中，首先假设国内存在多家生产差异化最终产品的垄断竞争企业。按照梅里兹（2003）的异质性生产率假设，企业间存在生产率（φ）差异。为了生产最终产品 y，企业需要采用三种生产要素：劳动力（L）、资本（K）和能够在国内或国外市场购买到的由产业 i 生产的差异化中间产品（M_{ij}）。如果企业选择从国外市场上购买中间产品，则可以向两组不同发展水平的国家购买。按照国际惯例，北方国家（地区）人均 GDP 比南方国家（地区）人均 GDP 高。

如果将三种生产要素的比例设定为 $\eta+\beta+\sum_{i=1}^{I}\alpha_i=1$，我们可以得到如式（3－15）C－D 生产函数形式表示的国家技术水平：

$$y=\varphi L^{\eta}K^{\beta}\prod_{j\in\{D,N,S\}}\prod_{i=1}^{I}(M_{ij})^{\alpha_i} \tag{3-15}$$

其中，$M_{ij}=(\sum_{v\in I_{ij}}\chi_{ij}m_{iv}^{\frac{\sigma_i-1}{\sigma_i}})^{\frac{\sigma_i}{\sigma_i-1}}$

国内和进口的中间产品都采用 CES 函数 M_{ij}表示，i 表示产业，j 指代国家或地区［即北方国家（地区）、南方国家（地区）］，$I_j=\{1,\cdots,M_j\}$，$\sigma_i>1$ 是产业内中间产品的替代弹性。技术或质量参数 χ_{ij}表示进口中间产品对企业生产效率的提升作用因进口来源地不同而产生差异。我们假设来源于发达国家（地区）的中间产品的技术质量参数 $\chi_{ij}>1$，即 $j=N$。为了便于实证研究，我们同时设定每个国家每个产业只生产一种中间产品。

借鉴希尔（Ethier，1982）和马库森（Markusen，1989）的设定，中间产品系统性在 $\overline{m}$ 水平生产，由此可得到，$M_{iD}=N_{iD}^{\frac{\sigma_i}{\sigma_i-1}}\overline{m}_D$，$M_{iS}=N_{iS}^{\frac{\sigma_i}{\sigma_i-1}}\overline{m}_S$，$M_{iN}=N_{iN}^{\frac{\sigma_i}{\sigma_i-1}}\overline{m}_N$，其中 N_{iD}，N_{iS}，N_{iN}指代国内和进口中间产品多样化的种类。最终产品的生产函数式（3－1），可被改写为：

$$y=\varphi L^{\eta}K^{\beta}\prod_{j\in\{D,N,S\}}\prod_{i=1}^{I}\overline{M}_{ij}^{\alpha_i}(N_{ij}\chi_{ij})^{\frac{\alpha_i}{\sigma_i-1}} \tag{3-16}$$

其中，$\overline{M}_{ij}=N_{ij}\overline{m_j}$。

假设从北方国家（地区）进口的中间产品具有更高的技术含量，而从南方国家（地区）进口的中间产品价格更低，中间产品的价格反映出南方国家（地区）相对较低的生产成本。

为了标准化，在一阶均衡条件下，价格 $p=\frac{MC}{\rho}$，其中加成定价 $\rho=\frac{\phi-1}{\phi}$，MC 为边际成本。其中，企业从国内购买投入品的边际成本为 MC_D，企业从国外市场购买投入品的边际成本为 MC_F，分别可表示为：

$$MC_D = \frac{p_k^{\beta} w^{\eta} \prod_{i=1}^{I} p_{iD}^{\alpha_i}}{\varphi \prod_{i=1}^{I} N_{iD}^{\frac{\alpha_i}{\sigma_i - 1}}} \tag{3-17}$$

$$MC_F = \frac{p_k^{\beta} w^{\eta} \prod_{j \in \{N,S\}} \prod_{i=1}^{I} p_{ij}^{\alpha_i}}{\varphi \prod_{i=1}^{I} (N_{iN} \chi_{iN})^{\frac{\alpha_i}{\sigma_i - 1}} (N_{iS})^{\frac{\alpha_i}{\sigma_i - 1}}} \tag{3-18}$$

式（3－18）中，w 指代劳动力的工资，p_k 指资本品的价格，p_{ij}指地区 j 的产业 i 生产的中间产品的价格。最终产品的总需求表达式为：$q_j(\varphi) = \left(\frac{P}{p_j(\varphi)}\right)^{\phi} C$，$P$ 是最终产品的总价格指数，C 生产最终产品的总支出，而价格函数为 $p_j(\varphi) = \frac{MC_j}{\rho}$。收益表示为，$r_j(\varphi) = q_j(\varphi) p_j(\varphi) = \left(\frac{P}{p_j}\right)^{\phi-1} R$，$R = PC$ 即为产业总收益，企业视之为外生的。因此，企业国内利润可被简化为 $\pi_j = \frac{r_j}{\phi} - F$，其中，$F$ 为固定生产成本。进口企业同时还有进口成本 F_{im}。企业出口利润表示为 $\pi_x = \frac{r_x}{\phi} - F_x$，其中，$F_x$ 包含了生产固定成本和出口固定成本，并随着技术/质量参数递增而递减，即 $F_x = g\left(F, \frac{f_x}{\chi_{ij}}\right)$。

将价格函数代入收益函数，可以得到如式（3－19）所示的企业出口收益表达式：

$$r_x = \psi \left(\frac{\varphi \prod_{i=1}^{I} (N_{iN} \chi_{iN})^{\frac{\alpha_i}{\sigma_i - 1}} (N_{iS})^{\frac{\alpha_i}{\sigma_i - 1}}}{\prod_{j \in \{N,S\}} \prod_{i=1} p_{ij}^{\alpha_i}} \right)^{\phi-1} \tag{3-19}$$

其中，$\psi = P^{\phi-1} R (\rho^{-1}(1+\tau) p_k^{\beta} w^{\eta})^{1-\phi}$，$\tau$ 指代可变的出口成本，P 表示最终产品的价格指数，R 表示企业所处的行业总收益。相应的利润函数可被写成：

$$\pi_x = \frac{\psi}{\phi} \left(\frac{A}{\prod_{j \in \{N,S\}} \prod_{i=1} p_{ij}^{\alpha_i}} \right)^{\phi-1} - F_x \tag{3-20}$$

通过令 $\pi_x(\varphi_x^*) = 0$ 可得到 $\pi_x(\varphi_x^*) = 0$，即为梅里兹（Melitz，2003）

提出的进入出口市场的企业生产率。

设定具有不同生产率水平 φ 的企业，采用劳动力、资本及来自北方国家和南方国家的中间产品生产最终产品。从生产函数关系式可得企业全要素生产率：

$$A = \frac{y}{L^{\eta}K^{\beta}\prod_{i=1}^{I}\overline{M}_{iF}^{\alpha_i}} = \varphi\prod_{i=1}^{I}(N_{iN}\chi_{iN})^{\frac{\alpha_i}{\sigma_i-1}}(N_{iS})^{\frac{\alpha_i}{\sigma_i-1}} \tag{3-21}$$

企业的全要素生产率 TFP 依赖于外生的生产率 φ，因国外投入品的种类增加而增大。企业的全要素生产率随着企业生产率 φ、从北方国家（地区）和南方国家（地区）进口国外中间产品种类以及技术/质量参数 χ_{ij} 增加而提高。

由上述分析可以得出，进口中间产品影响企业全要素生产率的两种渠道分别为：中间产品的多样性偏好即互补效应；质量转移效应。互补效应表明：中间产品种类越多，越能满足企业多样性偏好，越促进生产率提高。当企业从价格较低的南方国家进口中间产品时，出口利润会随着进口投入品价格的下降而提高，从而有利于降低企业的边际成本，使得企业能进入更多出口市场。而质量转移效应是指具有较高技术含量的中间产品有助于降低出口固定成本。

3.3　进口中间产品质量与企业产品质量模型

巴斯和斯特劳斯·卡恩（2013）的理论模型通过将进口来源地分类细致考察了进口中间产品对企业生产率的显著促进和提升作用。国内学者陈勇兵等（2012）也构建了理论模型，并采用中国制造业企业微观数据，实证检验了进口中间产品对企业全要素生产率的提升作用。那么，进口中间产品会影响企业产品质量吗？钟建军（2014）通过进一步修改拓展哈拉克和西瓦达萨恩（2013）模型，推导出进口中间产品质量与企业最终产品质量之间的相关关系。

钟建军（2014）首先将消费者对产品种类为 i 的最终产品效用函数设置

为 CES 表达式：

$$U = \left(\int_{i\in\Omega_k} \theta_i^{\frac{1}{\sigma}} q_i^{\frac{\sigma-1}{\sigma}} di\right)^{\frac{\sigma}{\sigma-1}} \tag{3-22}$$

式（3－22）中，i 代表产品种类；k 表示市场；Ω_k 表示市场产品种类集合；θ_i 和 q_i 代表产品质量和价格；σ 表示不同产品种类间的替代弹性，且 $\sigma>1$。

通过消费支出最小化，求解出产品的市场需求量表达式：

$$q_i = \theta_i p_i^{-\sigma} W \tag{3-23}$$

$$P = \left(\int_{i\in\Omega_k} \theta_i p_i^{1-\sigma} di\right)^{\frac{1}{1-\sigma}} \tag{3-24}$$

式（3－24）中，P 为最终产品价格指数，W 是指既定的消费支出。从式（3－24）中，我们不难得出，最终产品的市场需求与其质量呈正相关关系。

在企业生产方面，依库格勒和伍霍根（2012）和哈拉克和西瓦达萨恩（2013），企业生产一定产品质量水平的最终产品，需要支出可变成本和固定成本。基于哈拉克和西瓦达萨恩（2013）的模型设定，最终产品的边际成本（c_i）是过程生产率（φ_i）与产品质量的函数：

$$c_i(\theta,\ \varphi) = \frac{k}{\varphi_i}\theta_i^{\beta},\ 0\leqslant\beta\leqslant 1 \tag{3-25}$$

其中，k 是常数，β 是产品边际成本的质量弹性系数，

而固定成本则是产品生产率（ξ）和产品质量的函数：

$$F_i(\theta,\ \xi) = F_0 + \frac{f}{\xi}\theta_i^{\alpha},\ \alpha\geqslant(1-\beta)(\sigma-1) \tag{3-26}$$

式（3－26）中，f 是常数，α 是固定成本的质量弹性系数。

值得注意的是，根据哈拉克和西瓦达萨恩（2013），我们可以将产品生产效率高，即具有较高 ξ 的企业视为高效率研发部门，能够有效率将新创意用于新产品设计，或者能够快速将消费者偏好转化体现在产品设计中，以满足其偏好需求。因而，人力资本和研发投入是影响企业产品生产率的重要因素。另外，FDI 对本国出口产品质量也存在技术溢出效应（Harding and Javorcik，2012）。依据以上分析，我们可以将产品生产率（Product Productivity）设定为包含进口中间产品质量、研发投入、人力资本和 FDI 的非线性函数：

$$\xi_i = \xi_i(IMP. R\&D, Human, FDI) = IMP_i^{n_1} R\&D_i^{n_2} Human_i^{n_3} FDI_i^{n_4} \quad (3-27)$$

通过效用最大化条件，推导得出产品价格的函数表达式：

$$p_i = \frac{\sigma}{\sigma-1}\frac{k}{\varphi_i}\theta_i^{\beta} \quad (3-28)$$

利用企业利润最大化条件，可以得到企业最优的最终产品质量函数：

$$\theta_i(\varphi, \xi) = \left[\frac{1-\beta}{\alpha}\left(\frac{\sigma-1}{\sigma}\right)^{\sigma}\left(\frac{\varphi}{k}\right)^{\sigma-1}\frac{\xi}{f}\frac{W}{P}\right]^{\frac{1}{\alpha'}} \quad (3-29)$$

将式（3-27）代入到式（3-29）中，我们得到如下关系式：

$$\theta_i(\varphi, \xi) = \left[\frac{1-\beta}{\alpha}\left(\frac{\sigma-1}{\sigma}\right)^{\sigma}\left(\frac{\varphi}{k}\right)^{\sigma-1}\frac{IMP^{n_1} R\&D^{n_2} Human^{n_3} FDI^{n_4}}{f}\frac{W}{P}\right]^{\frac{1}{\alpha'}} \quad (3-30)$$

在式（3-28）和式（3-29）中，$\alpha' = \alpha - (1-\beta)(\sigma-1) > 0$

式（3-29）即为进口中间产品质量与最终产品质量的关系式，揭示了进口中间产品质量影响最终产品质量的作用机理。其中，$\alpha' > 0$ 且 $\sigma > 0$ 表明过程生产率与企业最终产品质量呈正相关关系；而系数 n_1，n_2，n_3，n_4 的正负方向以及大小表明了进口中间产品质量、人力资本、研发投入以及 FDI 对企业最终产品质量的影响。

3.4　中间产品进口边际与企业产品质量

钟建军（2014）基于哈拉克和西瓦达萨恩（2013），通过进一步的修改理论模型，推导得出进口中间产品质量与最终产品质量之间的相关关系，并认为进口中间产品质量与最终产品质量呈正向关系。他的理论模型已经隐含了不同质量水平的进口中间产品对最终产品质量存在着不同影响，即不同种类的进口中间产品的技术溢出效应不同，只是未从二元边际视角去考量进口中间产品的影响。

德米尔（2013）以南方国家（地区）和北方国家（地区）国家对产品质量和中间产品质量的不同需求为假设前提，构建贸易模型，研究认为进口中间产品种类的增长会改善本国的产品质量和促进出口。德米尔构建的贸易模型首次考察了进口中间产品的贸易行为对本国产品质量的影响。基于本书的研究目标，本节借鉴德米尔（2013）的理论模型，分析中间产品贸易对一国出口质量的影响，作为本书实证分析的理论基础。

德米尔的模型将本国设定为经济不发达的南方国家，劳动力的技能供给弹性不足。中间产品的生产需要雇用熟练技术劳动力，而且中间产品是企业生产最终产品的重要投入品。

在理论模型中，目的地市场 c 的消费者偏好采用双层效用函数表示。第一层取柯布—道格拉斯函数形式，用于决定消费者的预算在同质产品 x_{c0} 和异质性产品 ϕ 之间的分配。第二层取 CES 函数形式，异质性产品的质量由 $q(\phi)$ 表示，数量为 $x(\phi)$。基于哈拉克（2006）的理论模型，消费者的效用函数被设定为如下形式：

$$U_c = x_{c0}^{1-\mu}\left[\int_{\phi\in\Omega_c}\left[q_c(\phi)^{\gamma_c}x_c(\phi)\right]^{\frac{\sigma-1}{\sigma}}d\phi\right]^{\frac{\mu\sigma}{\sigma-1}};\ \sigma>1,\ 0<\gamma_c<1,\ 0<\mu<1 \tag{3-31}$$

在这里，μ 表示消费异质性产品的预算比例；σ 表示不同产品间的替代弹性；γ_c 表示目的地市场 c 的消费者对质量的偏好程度。式（3－31）中 Ω_c 表示在目的地市场 c 可得的异质性产品的集合。参数 γ 随着消费者的收入而递增，即高收入消费者对质量的偏好更强（Hallak，2006）。基于各个目的地市场对产品质量的偏好程度 γ 是依据不同的目的地市场而变的，式（3－31）考虑了消费者对产品质量的异质性偏好。

德米尔的理论模型中的供给商是指中间产品生产商。最终产品的生产需要一系列国内和国外中间产品投入（Feenstra，Hanson，1996；Grossman，Rossi－Hansberg，2008）。到底是使用国内还是国外的中间产品，取决于国内和国外之间的相对的成本。德米尔模型进一步考虑了国内和国外中间产品之间的质量差异。除了相对成本差异，最终产品的生产商在决定采用国内还是国外的中间产品时，也会考虑两种不同来源的中间产品的质量差异。

生产最终产品需要一系列中间产品，用系数表示为 j，且 $j \in [0,1]$。每个中间产品都被视为独立任务。每一种中间产品的生产都存在技能要求，高质量中间产品的生产比低质量中间产品需要投入更高水平的技术。任何一种中间产品都可以通过国内或国外购买得到，供给商都处于完全竞争行业。国内和北方国家（地区）的供给商生产质量垂直差异程度高（高质量）的中间产品，而且国内的中间产品质量低于进口的中间产品。

我们以 a_j 表示生产中间产品 j 的技能需求，且 $a_j' > 0$。北方国家（地区）劳动力的技能在生产中间产品的质量方面比国内劳动力更具效率：1 单位北方国家（地区）的劳动力生产 1 个单位的某质量水平产品，而 1 单位国内劳动力仅能生产 λ 单位质量水平产品 $\lambda < 1$。

由于供给商都处于完全竞争行业，因此供给商仅能以生产的边际成本作为价格，即北方国家供给商的中间产品 j 的价格如下：

$$p_j^N = a_j r_N \tag{3-32}$$

国内供给商的中间产品为：

$$p_j^S = a_j r_S \tag{3-33}$$

这里，r_N 和 r_S 分别指代了北方国家和本国技能价格，且 $r_N > r_S$。进口北方国家的中间产品存在冰山贸易成本 $\tau > 1$，因此来源于北方国家的进口中间产品在本国内的价格为 $\tau a_j r_N$。

德米尔的模型中企业是处于垄断竞争行业的最终产品生产商，参照库格勒和伍霍根（Kugler and Verhoogen，2012），将企业的生产函数设定如下：

$$F(n) = n\phi^{\alpha} \tag{3-34}$$

这里，n 表示中间产品的数量，$\phi > 1$ 为企业生产率，$\alpha > 0$ 是单位成本的转换参数，即生产率为 ϕ 的企业需要 $\phi^{-\alpha}$ 单位的中间产品生产 1 单位的最终产品。依据式（3－34），我们可以得到企业的边际成本为：

$$C(\phi, P_{\text{int}}) = \phi^{-\alpha} P_{\text{int}} \tag{3-35}$$

其中，P_{int} 是指每单位产出的中间产品总成本。

因此，企业生产的最终产品质量是一个由企业生产率（ϕ）和中间产品质量（ψ）构成的函数。我们设定 $q(\phi, \psi)$ 存在以下属性：

$$(i)\frac{\partial q(\phi,\ \psi)}{\partial\psi}>0;\ (ii)\frac{\partial^2 q(\phi,\ \psi)}{\partial\psi^2}<0 \quad (3-36)$$

即产品质量随着中间产品质量而递增，同时中间产品的质量对企业生产率的边际收益递减。中间产品的总体质量通过对各中间产品施以权重计算得到，而权重则依据技能。因此，如果企业在国内采购 $[0,\ I]$ 种中间产品，余下的从北方国家（地区）进口，我们得到中间产品的总体质量如下：

$\psi = \lambda\int_0^I a_j dj + \int_I^1 a_j dj$ 或改写为

$$\psi = \lambda A + (1-\lambda)A_N \quad (3-37)$$

来源于北方国家（地区）的中间产品所占份额 A_N 越高，中间产品总体质量越高，即 $\frac{\partial\psi(A_N)}{\partial A_N}=1-\lambda>0$。企业在将产品销售到市场 c 时会产生定量贸易成本 $\tau_{oc}>0$ 和特定贸易成本 $t_c>0$。因此企业对产品定价为 p，消费者面对的产品价格是 $p_c^{cif}(\phi)=\tau_{oc}p(\phi)+t_c$。

依据企业从国内和北方国家（地区）进口中间产品，结合式（3-35）和式（3-37），我们可以得到企业生产最终产品的边际成本：

$$C(\phi,\ A_N)=\phi^{-a}[r_s A+(\tau r_N - r_s)A_N] \quad (3-38)$$

市场 c 的需求如下：

$$x_c(\phi)=\frac{\mu Y_c}{P_c}(q(\phi,\ \psi)^{r_c})^{\sigma-1}\left(\frac{p_c^{cif}(\phi)}{P_c}\right)^{-\sigma} \quad (3-39)$$

这里，$P_c=\left[\int_{\phi\in\Omega_c}\left(\frac{p_c^{cif}(\phi)}{q_c(\phi,\ \psi)^{r_c}}\right)^{1-\sigma}\right]^{\frac{1}{1-\sigma}}$ 代表依据质量而定的价格指数，Y_c 表示目的地市场 c 的总收入。

因此，企业的利润最大化条件如下：

$$\max_{p(\phi),A_N\in(0,A)}\prod(\phi,\ A_N) = x(\phi,\ A_N)(p-C(\phi,\ A_N)) \quad (3-40)$$

一阶求导，我们可得到企业利润最大化的价格：

$$p(\phi)=\frac{1}{\sigma-1}\left(\sigma C(\phi,\ A_N)+\frac{t}{\tau_0}\right) \quad (3-41)$$

$$p^{cif}(\phi)=\frac{\sigma}{\sigma-1}(\tau_0 C(\phi,\ A_N)+t) \quad (3-42)$$

通过式（3－41）和式（3－42）价格表达式，我们可以得出，中间产品的质量影响企业出口产品的价格。在这里，价格是依据质量调整的价格指数，换句话说也就是中间产品的质量影响了最终产品的质量，其中来源于北方国家（地区）的中间产品份额占比越大，最终产品质量越高，这也说明北方国家（地区）的中间产品对本国的最终产品存在质量转移效应。

德米尔随后考察了目的地市场消费者偏好和贸易成本对企业出口行为和进口中间产品的影响。在目的地市场消费者偏好影响方面，他研究认为，由于面临的出口市场产品质量需求的差异化，南方国家（地区）的企业将生产质量差异化的产品，并将高质量产品销售到质量要求高的目的地市场。企业通过使用从北方国家（地区）进口的中间产品种类提升自身产品质量。而这一研究发现与巴斯托斯和席尔瓦（Bastos and Silva，2010），马洛尔和张（Manova and Zhang，2012）的结论一致：企业出口到富国的产品比出口到穷国定价更高。其中，马洛瓦和张（2012）通过采用中国制造业企业微观数据，考虑企业出口目的地间的企业—产品层面价格，研究发现中国企业通过采用不同质量的中间产品来生产质量差异化的最终产品。德米尔的研究结论从另一层面揭示了企业中间产品进口边际与企业出口产品边际存在显著的相关关系。当企业进入对产品质量要求较高的新市场时，为了满足市场需求必须生产出新的质量更高的产品。由于国内中间产品质量水平低于国外中间产品，它们必须从北方国家（地区）进口高质量的中间产品。因此，南方国家（地区）企业出口产品的扩展边际与它们中间产品进口扩展边际之间存在着紧密的相关性。另外，戈尔德贝尔等（Goldberg et al.，2009；2010）则采用印度企业数据，研究证实贸易自由化之后印度企业通过进口中间产品以提高本国企业出口多样性，而且70%的中间产品进口扩展边际来源于OECD国家。同时，在贸易成本的影响方面，德米尔的模型推导得出：进口中间产品的贸易成本的下降将促使企业加大使用质量更高的进口中间产品，从而得以提高产品质量，因此贸易成本也会影响最终产品质量。

德米尔的模型考察了进口中间产品对企业产品质量的影响，得出了中间产品进口的扩展边际与企业出口扩展边际存在紧密的正相关关系，这也表明了中间产品进口边际会影响一国企业出口产品质量。基于以上的关于产品质量理论模型和中间产品技术溢出效应的分析，本节采用新新贸易理论中二元边际视角，分析和阐述中间产品进口的二元边际对企业出口产品质量的影响。

通过分析巴斯和斯特劳斯·卡恩（2013）的理论模型，我们得出了进口中间产品溢出效应主要有两种：中间产品的多样性偏好即互补效应；技术/质量转移效应。互补效应是指中间产品种类越多，企业生产效率越高。而技术或质量转移效应是指具有较高技术含量的中间产品能够自身包含的技术促进企业产品质量提升，从而降低出口固定成本。

依据二元边际的研究文献中的定义，中间产品进口的集约边际即是指对原有进口中间产品持续进口带来的贸易增长；中间产品的扩展边际即是指向新的贸易伙伴进口中间产品或者进口新的中间产品种类带来的贸易增长。由此，我们可以推导总结出中间产品进口二元边际影响企业出口产品质量的作用机理：企业中间产品进口的扩展边际会为企业带来新的进口中间产品种类，不同质量水平的中间产品可以通过互补效应和质量转移效应，提高企业生产效率，从而提升企业产品质量；而中间产品进口的集约边际，由于是原有中间产品种类的持续进口，容易造成互补效应和质量转移效应的减弱，难以满足企业生产高质量产品时对多样化质量水平的中间产品的需求，一定程度上不利于企业提升产品质量。因此，中间产品进口的扩展边际将会显著促进企业产品质量的提升，而集约边际对企业产品质量的影响并不明晰。

另外，值得指出的是，进口中间产品的二元边际对企业出口产品质量产生不同影响的同时，一些其他重要因素也是不容忽视的，如钟建军（2014）模型中提出的研发投入、人力资本和FDI，等等。涉及国家层面，一国人均收入水平也是影响一国出口质量的重要因素（Schott，2004；Hummels and Klenow，2005；Hallak，2006）。涉及企业层面时，企业规模同样也是影响产品质量的重要因素，库格勒和伍霍根（Kugler and Verhoogen，2012）采用哥伦比亚微观企业数据证明产品质量与企业规模呈显著正相关。以上推论需要我们从多个维度展开实证检验，以期得到较为稳健的实证结论加以佐证。

第 4 章

中国中间产品进口现状及其二元边际特征

随着国际分工的不断深化，全球化的生产性活动促进了中间产品贸易的蓬勃发展。作为一个贸易大国，中间产品贸易量迅猛式增长，中间产品进口已逐渐成为我国进口贸易的重要组成部分。目前国内学术界对中间产品贸易的研究较少，现有的研究大都集中在研究中间产品进口对劳动力需求、垂直分工和工资差距的影响等方面。依据新近席卷国际贸易领域的新新贸易理论，贸易的增长是沿着集约边际（Intensive margin）和扩展边际（Extensive margin）实现的（Melitz，2003；Bernard et al.，2003）。基于这一理论，本章考虑从二元边际视角更加全面细致地剖析中国中间产品进口微观结构，以此为对中国中间产品进口贸易的研究提供一个不同以往且更为细致的视角，也试图从这一角度为我国进口贸易的发展以及中国经济结构调整提供一些可行的建议。

4.1 中间产品贸易的统计方法

如何衡量和统计中间产品贸易，一直是研究中间产品贸易的学者们关注的核心问题。由于各国统计口径的差异，国际上一直未能出现较为完善和得到一致认可的中间产品贸易统计体系。随着学术研究的逐步推进，国外学者提出了三种中间产品贸易的计量统计方法。

第一种方法是投入产出法，即胡默尔（Hummel）等人提出的 *VS* 指标，包含了两种角度的衡量方法，一种是从行业角度度量 *VS* 值，提出 VS_i 值 =（进口中间产品/总产出）× 出口总价值，用以衡量进口中间产品中用于生产 *i* 行业出口产品的那部分投入价值。另一种从国家角度测度 *VS* 的比重，*VS* 比重 = $VS_k/X_k = \sum_i VS_{ki}/\sum_i X_{ki}$ 用于衡量一国参与新国际分工和国际贸易的程度。该种方法的不足之处在于，没有区分进口的产品，而且过于依赖投入产出表，而对于国家而言，编制投入产出表难度很多，大多数国家采取了间断性的编制方法，与实际情况存在较大的误差。

第二种方法是伍和叶芝（Ng and Yeats，2001）提出的，根据国际贸易标准分类方法（SITC），将所有产品名称是零件和部件的产品进行加总，计算中间产品的方法。这种方法容易造成中间产品计算的低估。

第三种是联合国广义分类法（BEC）。联合国经社理事会统计司的“经济大类分类标准”（Broad Economic Catalogue，BEC）按照产品的生产过程或使用用途将商品分为三大类，即消费品、资本品和中间产品（见表 4－1）。这种方法减轻了第二种方法的低估现象，较为科学，是一种比较一致的统计体系。由于 BEC 方法应用的简便和相对科学，目前采用 BEC 方法测度中间产品贸易状况越来越广泛。

表 4－1　　联合国（BEC）对应分类

SNA	BEC 分类代码	BEC 分类描述
资本品	41	运输设备之外的资本货物
	521	工业用途的运输设备
中间产品	111	工业用途的食品和饮料，初级
	121	工业用途的食品和饮料，加工
	21	未另归类的工业用品，初级
	22	未另归类的工业用品，加工
	31	燃料和润滑剂，初级

续表

SNA	BEC 分类代码	BEC 分类描述
中间产品	32	燃料和润滑剂，加工（不包括汽油）
	42	运输设备之外的资本货物零配件
	53	运输设备零配件
消费品	112	家用消费的食品和饮料，初级
	122	家用消费的食品和饮料，加工
	522	非工业用途的运输设备
	61	未另归类的消费品，耐用品
	62	未另归类的消费品，半耐用品
	63	未另归类的消费品，非耐用品

考虑到前两种方法的实际可操作性，数据来源以及统计分析的便利等问题，本书采用联合国 BEC 分类方法，对中间产品贸易进行计量分析，即视 BEC 代码为“111”“121”“21”“22”“31”“32”“42”“53”八个类别为中间产品。

4.2　中间产品进口的概况

确定了中间产品的统计方法之后，下面我们对我国中间产品进口的概况进行分析。

4.2.1　进口规模

根据法国国际经济研究所提供的 BACI 数据库①进行数据统计，我国中

① BACI 数据库是由法国国际经济研究所 CEPII 提供的 HS6 分位产品层面的全球贸易数据库，包括世界各国双边贸易商品的价值量、数量和单位价。UNCOMTRADE 数据库是其唯一的数据来源，鉴于 UNCOMTRADE 数据库提供的贸易数据单位和数量不尽相同，因此 BACI 数据库通过转换系数将贸易单位统一转换成吨，便于产品贸易数量与价格的国际比较。因此 BACI 数据库相较于 UNCOMTRADE 数据库在高度细分的国际贸易研究中更为适用。详见陈勇兵等（2012）。

间产品进口贸易概况如表 4 – 2 所示，从 1998 ~2012 年，我国中间产品进口占进口贸易总额的比例由 70. 30% 上升至 76. 67% ，中间出现过一定程度的回落，但占比一直保持在 60% 以上，这量化说明中间产品进口已经成为我国进口贸易的重要组成部分，已经是进口贸易的主要方式。

表 4 – 2　　我国中间产品与总产品进口（1998 ~2012）

年份	中间产品进口贸易额（亿美元）	进口总贸易额（亿美元）	比例（%）
1998	344. 43	489. 96	70. 30
1999	192. 76	271. 87	70. 90
2000	210. 11	299. 50	70. 15
2001	211. 53	316. 16	66. 91
2002	246. 02	380. 50	64. 66
2003	343. 80	526. 42	65. 31
2004	482. 54	719. 96	67. 02
2005	587. 30	849. 84	69. 11
2006	531. 10	824. 36	64. 43
2007	941. 57	1310. 48	71. 85
2008	1101. 14	1540. 97	71. 46
2009	1948. 31	2734. 73	71. 24
2010	1595. 83	2156. 48	74. 00
2011	2053. 75	2739. 81	74. 96
2012	1086. 59	1417. 31	76. 67

资料来源：根据 BACI 数据库，作者计算整理。

图 4 – 1 描述了从 1998 ~2012 年，15 年不同类型产品的进口贸易占比的均值。其中，中间产品的占比均值为 74. 87% ，资本品占比均值为 16. 43% ，消费品占比均值为 6. 07% 。资本品和消费品的进口贸易额占比都未能超过 10% ，进口比重偏小。

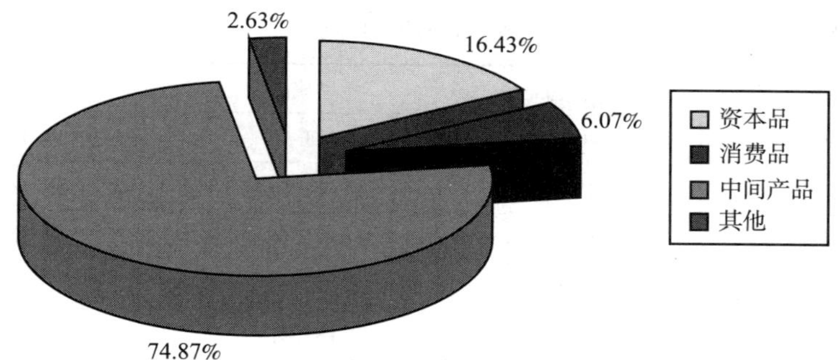

图 4－1　我国不同类型产品的进口额占比（15 年平均值）

资料来源：作者计算所得。

4.2.2　进口结构

作为一种介于原材料和最终消费品之间的产品贸易，中间产品贸易的结构必然会受到国际分工格局变化的影响。我国作为参与国际分工的贸易大国，中间产品进口结构的变化某种程度也反映出我国国际分工地位和经济结构的变化。

通过表 4－3 和表 4－4 我们可以得出，自 1998 年开始，我国中间产品的进口是以半成品的进口为主，1998 年我国半成品进口占总中间产品进口的 61.88%，而经过简单加工处理的初级品仅占中间产品进口的 11.89% 的份额，零部件进口比例为 25.07%。而到了 2004 年初级中间产品的进口已经占总中间产品进口的 28%，半成品的进口比例下降至 52.11%，零部件进口比例为 18.75%。在随后几年中，中间产品的进口结构进一步调整，2008 年，三者的比例已经为 41.11%、38.57%、19.26%。2009 年受 2008 年金融危机的后续影响，中国加大了对美国等欧美发达国家的采购力度，中间产品内部进口结构也出现了一些新的变化，半成品的比例小幅度上升为 42.69%，初级中间产品的比例下降为 38.80%。到了 2012 年，初级品的比例已经平稳上升至 40.96%，半成品的比例下降至 34.47%。

表4－3　　中间产品的进口结构　　单位：亿美元

年份	初级品	半成品	零配件
1998	40.94	213.15	86.34
1999	25.40	114.53	50.34
2000	50.46	124.44	31.87
2001	46.80	125.83	35.85
2002	47.52	152.41	42.62
2003	75.62	197.96	65.62
2004	135.09	251.47	90.46
2005	191.13	286.11	101.50
2006	239.40	235.14	49.26
2007	320.85	400.25	210.82
2008	452.70	424.68	212.07
2009	755.89	831.65	346.37
2010	580.44	557.37	446.02
2011	860.72	698.36	477.13
2012	445.05	374.57	255.66

资料来源：根据BACI数据库，作者计算整理。

表4－4　　各类中间产品的进口贸易额占比　　单位：%

年份	初级品的占比	半成品的占比	零配件的占比
1998	11.89	61.88	25.07
1999	13.18	59.42	26.12
2000	24.01	59.23	15.17
2001	22.12	59.48	16.95
2002	19.31	61.95	17.33
2003	21.99	57.58	19.09
2004	28.00	52.11	18.75
2005	32.54	48.72	17.28
2006	45.08	44.27	9.28

续表

年份	初级品的占比	半成品的占比	零配件的占比
2007	34.08	42.51	22.39
2008	41.11	38.57	19.26
2009	38.80	42.69	17.78
2010	36.37	34.93	27.95
2011	41.91	34.00	23.23
2012	40.96	34.47	23.53

资料来源：同表 4-3。

通过图 4-2，我们可以清晰地看到中间产品进口结构的变化趋势，总的中间产品进口与总进口贸易额之间的占比一直位于 0.6~0.8，除了 2005~2006 年间出现过一次明显下滑，其他年份的变动都较为平稳，总体呈上升趋势。

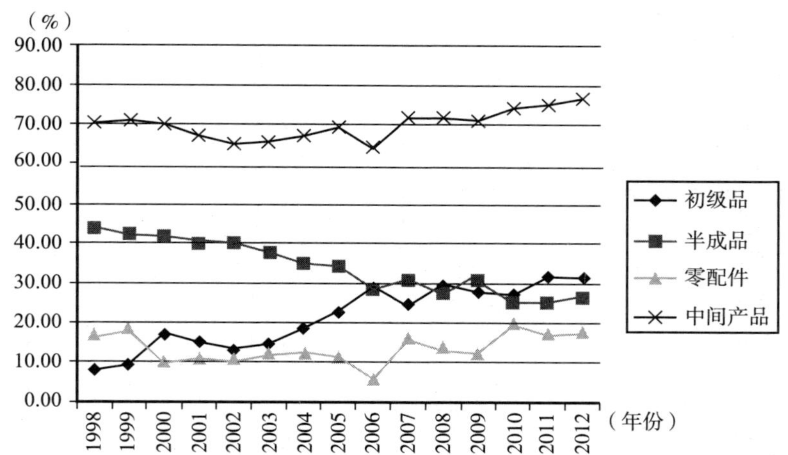

图 4-2　中间产品进口占总进口贸易的比例以及时间变动趋势（1998~2012 年）

资料来源：作者计算所得。

而细分到中间产品内部结构，我们可以看到初级中间产品的起初的进口比例最低，1998 年还不到总进口的 0.1，但是比例增加速度却是最快的；零配件最初的进口额占总进口额的比例为0.18左右，随后这个比例出现了一定程度的下降，但净进口量在2004年后保持了增长态势；半成品的进口比例由最初的0.45左右，逐渐下降到0.3以下。到了2012年，三种类别的中间产品都保持了较为接近的比例关系。

表4-5表示的是不同类别中间产品的年增长率。以增长速度来说，2000年各类别的中间产品的进口增长波动明显，初级中间产品的增长率出现激增，达98.62%。与此同时，半成品的进口增长率为8.66%，零部件为-36.70%。中间产品进口的大幅度上涨可能的原因在于：一方面是由于改革以来，我国国民经济的快速发展，对原材料，高新技术产品上涨迅猛；另一方面也是为了履行加入世贸组织的承诺，扩大对外开放程度所导致的。

表4-5　　不同类别的中间产品的年增长率　　单位：%

年份	初级品	半成品	零配件
1999	-37.95	-46.27	-41.70
2000	98.62	8.66	-36.70
2001	-7.25	1.11	12.50
2002	1.54	21.13	18.89
2003	59.14	29.89	53.94
2004	78.65	27.03	37.86
2005	41.48	13.78	12.21
2006	25.26	-17.81	-51.47
2007	34.02	70.22	327.93
2008	41.10	6.10	0.60
2009	66.97	95.83	63.33
2010	-23.21	-32.98	28.77
2011	48.29	25.30	6.98
2012	-48.29	-46.37	-46.42

资料来源：同表4-3。

虽然在随后的2001年中，初级品和半成品的增长率普遍降低，但从总体上来看初级品的进口增长显著，尤其是 2003 ~2009 年，2003 年进口增长率高达 59. 14%，2009 年则高达 66. 97%。按照 BEC 的分类，初级中间产品主要包括用于农产品原料和采掘工业产品，它的进口增长迅猛，从另一个侧面体现出我国制造业中农产品加工和冶炼行业的快速发展。结合出口货物贸易来看，我国出口商品中轻工业产品的比例逐年减少，重工业产品大幅度增加，出口商品结构的变化也促进了我国初级中间产品的进口。

另外，零部件的进口则波动较为剧烈，但大体上呈现了 1999 ~2005 年平稳增长和 2006 ~2012 年增长迅猛且波动较大的趋势，最高增长率达 327. 93%（2007 年）。我国零部件的进口主要集中在精细化程度较高的汽车行业，计算机等电子信息行业，以及机械家电行业。虽然半成品的进口也呈增长态势，但增长率则低于初级中间产品和零部件，这可能说明我国制造业在国际分工格局的地位在不断提高，由简单的加工组装开始向技术含量高的精细化装配阶段发展。

4. 2. 3　基于主要进口来源地的分析

为了分析主要进口来源地在中间产品进口贸易额中的地位，按照与我国的双边贸易总额大小，我们选取了 12 个主要的进口来源地，考察各个进口来源地向我国出口中间产品的贸易额增长情况。表 4 -6 列出了 12 个主要中间产品进口来源地向我国出口中间产品的贸易额占我国中间产品总进口额的比例，从表 4 -6 中各来源地向我国出口中间产品的份额占比来看，整体而言，以美国、日本、中国香港和欧盟等国家、地区和国际组织为代表的主要贸易伙伴仍然是我国中间产品的主要进口来源地。其中，日本的份额在 1999 年达 17. 77%，随后虽然呈逐年下降趋势，但到了 2012 年仍占据 9%，为份额最大的国家，地位不容忽视。美国和我国香港地区的份额始终分别保持在 5% ~10% 和 2% ~6%，相对稳定。15 年间，美国、日本和我国香港地区的份额总和保持在 20% 左右，可见我国中间产品的进口对美国、日本和香港地区的依赖程度较高。对于其他进口来源地，所占份额一直保持在 2% 左右的有德国、澳大利亚、马来西亚、印度尼西亚、泰国，英国和法国所占份额一直保持在1%左右，并呈现出不断下降的趋势。与此同时，巴西和沙特阿拉伯所占份额呈不断上涨态势，其中沙特阿拉伯的份额上涨幅度更为突出。我们进一步将12个进口来源地划分为传统发达经济体和新兴经济体，我们可以发现传统发达经济体随着的份额在不断下降，例如，英国、法国、日本等，而新兴经济体所占的份额在不断上涨，例如，巴西、澳大利亚、沙特阿拉伯等，这说明我国中间产品进口的过程中，除了保持传统的贸易关系外，不断开拓新的市场和新的贸易伙伴关系也是我国中间产品进口贸易额不断增长的重要原因。

表4-6　　各个进口来源地的份额占比　　单位：%

年份	美国	中国香港	日本	英国	法国	德国	澳大利亚	马来西亚	印度尼西亚	巴西	泰国	沙特阿拉伯
1998	9.56	5.81	16.89	1.20	1.69	3.34	2.67	2.11	2.43	1.09	2.23	0.85
1999	8.60	5.23	17.77	1.48	1.73	3.70	2.76	2.24	2.57	0.72	1.86	0.83
2000	6.38	2.84	16.10	1.33	1.44	1.88	2.96	2.24	3.15	1.00	1.94	1.61
2001	6.32	2.82	15.94	1.31	1.43	1.86	2.93	2.21	3.12	0.99	1.92	1.60
2002	6.30	3.35	16.67	1.24	1.36	1.86	3.13	2.78	2.59	1.91	1.63	2.48
2003	7.27	2.64	16.28	1.10	1.42	1.91	2.94	2.64	2.32	2.52	1.66	2.77
2004	6.77	2.51	15.40	1.02	1.11	1.72	3.08	2.03	2.00	2.57	1.31	2.80
2005	9.11	2.45	11.82	0.73	1.07	1.60	4.36	1.70	2.28	2.67	1.72	4.07
2006	6.55	1.79	9.96	0.92	0.77	3.50	5.25	1.76	2.66	3.05	1.58	4.78
2007	6.39	1.91	12.53	1.00	0.89	3.69	4.16	1.94	2.13	3.03	1.83	3.38
2008	5.09	1.92	12.00	0.95	0.90	3.72	4.98	2.02	2.24	2.90	1.25	5.07
2009	7.13	1.49	12.10	0.91	0.91	4.03	6.46	2.04	2.27	4.04	1.83	4.32
2010	6.75	1.70	12.31	0.68	0.81	3.78	6.16	2.69	2.07	3.74	2.08	3.74
2011	5.71	3.14	10.39	0.63	0.81	3.54	6.88	2.67	2.40	4.18	2.07	4.38
2012	6.94	5.12	9.00	0.63	0.76	3.33	6.41	2.25	2.16	3.60	1.91	4.48

资料来源：根据BACI数据库，作者计算整理。

而表4-7则列出了1998~2012年我国从各个主要进口来源地进口的中

间产品种类数量，从表4－7中数值来看，与表4－6一样，日本、美国和中国香港依旧是我国进口的中间产品种类最多的来源地，其中日本最多，1998年高达2586种。从欧盟国家进口的中间产品种类明显多于东盟国家和一些新兴经济体。从15年间进口中间产品种类数量的变动趋势来看，从传统的发达经济体进口中间产品种类数量并不稳定，波动明显，以美国为例，1999年高达2480种，至2006年则下降至1462种，至2012年则回升至2486种，进口中间产品的种类数量波动剧烈。其他欧美国家与美国的变动趋势相同，但具体高低点的年份各异。而一些新兴经济体，例如，巴西、印度尼西亚、泰国、马来西亚等向我国出口的中间产品种类数量，尽管有些年份出现了下滑，但整体呈现出不断上涨的趋势。其中最为突出的是沙特阿拉伯，中间产品种类数量保持了显著的上涨。这可能是因为：第一，受到了本国进出口贸易政策的影响。作为高新技术的输出地，中间产品一定程度上蕴含了本国或地区高新技术研发成果，欧美国家为了本国重要的高新技术的外流，会制定相关保护性贸易政策禁止包含重要核心高新技术的中间产品出口，由此容易造成进口国某一些年份从这些国家进口的中间产品种类会急剧下降；第二，受到全球宏观经济环境的影响，在经济萧条时期，各国或地区会依据经济发展情况，减少一些工业产品的生产，由此引致了对进口中间产品的需求下降，导致进口中间产品种类减少；第三，进口国或地区自身制造能力提升，对某一些类型的中间产品的需求下降，同时进口国或地区还可能由于自身经济结构的调整，放弃一些中间产品的进口而加大对另一些高技术含量的中间产品的进口。第四，种类多样性的需求。随着新兴经济体技术水平的不断提高，我国对新兴经济体中间产品的需求也在不断上涨。以上原因都有可能导致我国的主要进口来源地中间产品种类数量的波动。

表4－7　各个主要进口来源地的进口中间产品种类（1998～2012年）　单位：种

年份	美国	中国香港	日本	英国	法国	德国	澳大利亚	马来西亚	印度尼西亚	巴西	泰国	印度	沙特阿拉伯
1998	2464	2447	2586	1811	1702	2163	1327	1345	1022	431	1109	776	71
1999	2480	2429	2584	1860	1747	2139	1332	1292	1123	495	1271	826	50

续表

年份	美国	中国香港	日本	英国	法国	德国	澳大利亚	马来西亚	印度尼西亚	巴西	泰国	印度	沙特阿拉伯
2000	1969	1712	2345	1831	1631	1277	1060	1221	1094	496	1040	904	68
2001	1969	1832	2359	1832	1645	1228	1031	1226	1127	593	986	952	69
2002	1911	2089	2351	1861	1627	1178	1071	1327	1175	716	970	970	72
2003	1946	2030	2364	1797	1644	1191	1074	1380	1225	733	1018	899	108
2004	1975	2060	2370	1842	1670	1146	1057	1308	1294	762	1030	1245	141
2005	2365	2080	2153	1550	1702	1144	1464	1299	1228	771	1382	1304	288
2006	1462	1584	1601	1269	1132	1445	806	943	923	529	996	870	103
2007	1988	1972	2201	1798	1615	1983	1093	1323	1305	764	1385	1383	432
2008	1944	1940	2214	1746	1584	2005	1069	1307	1230	753	1191	1418	139
2009	1946	1925	2176	1771	1570	1991	1024	1313	1192	770	1398	1410	194
2010	2185	2113	2460	1900	1687	2216	1153	1470	1287	859	1540	538	259
2011	2179	2084	2438	1916	1711	2243	1473	1453	1289	852	1409	1580	290
2012	2486	2141	2419	2014	1937	2262	1454	1444	1307	926	1608	1657	290

资料来源：根据 BACI 数据库，作者计算整理。

表 4-8 则列出了主要进口来源地进口中间产品种类数量的变动速率。我们发现欧美国家向我国出口的中间产品种类数量的变动总体上呈现出"U"型特征，而新加坡、马来西亚、巴西等新兴经济体的中间产品种类数量变动呈现出上涨态势，其中沙特阿拉伯最为明显，由 1998 年的 71 种，到 2012 年的 290 种，最高达 432 种，上涨迅猛。由此可见，我国对新兴经济体中间产品的需求在不断增长。

表 4-8　　各个主要进口来源地的进口中间产品种类的变动速率（1998~2012 年）

单位：%

年份	美国	中国香港	日本	英国	法国	德国	意大利	澳大利亚	新加坡	巴西	泰国	沙特阿拉伯
1999	0.6	-0.7	-0.1	2.7	2.6	-1.1	3.0	0.4	-0.8	14.8	14.6	-29.6

续表

年份	美国	中国香港	日本	英国	法国	德国	意大利	澳大利亚	新加坡	巴西	泰国	沙特阿拉伯
2000	-20.6	-29.5	-9.2	-1.6	-6.6	-40.3	-4.5	-20.4	-24.9	0.2	-18.2	36.0
2001	0	7.0	0.6	0.1	0.9	-3.8	2.2	-2.7	-2.9	19.6	-5.2	1.5
2002	-3.0	14.0	-0.3	1.6	-1.1	-4.1	2.7	3.9	42.6	20.7	-1.6	4.3
2003	1.8	-2.8	0.6	-3.4	1.0	1.1	-0.7	0.3	-23.9	2.4	4.9	50.0
2004	1.5	1.5	0.3	2.5	1.6	-3.8	1.2	-1.6	-1.1	4.0	1.2	30.6
2005	19.7	1.0	-9.2	-15.9	1.9	-0.2	2.6	38.5	-2.8	1.2	34.2	104.3
2006	-38.2	-23.8	-25.6	-18.1	-33.5	26.3	-28.9	-44.9	-24.2	-31.4	-27.9	-64.2
2007	36.0	24.5	37.5	41.7	42.7	37.2	38.3	35.6	32.2	44.4	39.1	319.4
2008	-2.2	-1.6	0.6	-2.9	-1.9	1.1	-2.0	-2.2	1.3	-1.4	-14.0	-67.8
2009	0.1	-0.8	-1.7	1.4	-0.9	-0.7	0.1	-4.2	-7.3	2.3	17.4	39.6
2010	12.3	9.8	13.1	7.3	7.5	11.3	14.1	12.6	6.9	11.6	10.2	33.5
2011	-0.3	-1.4	-0.9	0.8	1.4	1.2	2.3	27.8	2.6	-0.8	-8.5	12.0
2012	14.1	2.7	-0.8	5.1	13.2	0.8	0.7	-1.3	14.6	8.7	14.1	0

注：限于表格的篇幅，删除了俄罗斯、印度、马来西亚、印度尼西亚四国的变动速率。
资料来源：BACI 数据库，作者计算整理。

我国进口中间产品的主要来源地贸易额和产品种类的变动趋势，一定程度上描述了我国中间产品进口贸易的产品—市场层面特征。那么，其中我国中间产品进口在产品—市场层面到底蕴藏着怎样的微观结构？下一节，我们将尝试基于新新贸易理论中的二元边际视角，分析我国中间产品进口的二元边际微观特征。

4.3　中间产品进口的二元边际特征

4.3.1　二元边际研究的起源

关于贸易边际的提法来源于梅里兹等（2003）开创的新新贸易理论。

以往的研究大都只关注贸易量的分析，梅里兹（2003），伯纳德（2003）在建立的企业异质性模型中，通过捕捉不同生产率水平的企业的出口扩张、进入和退出的动态过程，所引致的贸易量的变化和参与贸易的企业数量的变化，将一国出口总量增长分解为集约的边际和扩展的边际。随后，关于二元边际的研究开始不断涌现，众多学者提出了自己的观点。

胡默尔和克列洛（2005）基于高度细分的产品层面贸易数据，将出口增长分解为产品的扩展边际和集约边际，其中产品扩展边际表示产品种类，产品集约边际表示产品数量，并进一步将集约边际分解为数量边际（Quantity Indices）和价格边际（Price Incdices）；赫尔普曼等（2008）和洛伦斯（Lawless，2010）基于企业层面微观数据，将出口扩展边际定义为出口企业的数量，集约边际为单个企业的出口量均值；伯纳德等（2009）提出扩展边际可以定义为贸易伙伴的数量或者是贸易产品的数量，再得到各自相应的集约边际；菲尔伯曼和科勒（Felbermayr and Kohler，2006）认为贸易的扩展边际为双边国家间建立的贸易伙伴关系的数量，集约边际为已存在贸易关系的国家间的平均贸易额；贝切斯和普鲁萨（Besedes and Prusa，2007）、艾默格·帕切科和皮尔拉（Amurgo - Pacheco and Pierola，2008）将出口的集约边际定义为过去已经出口的产品持续出口到过去已经出口过的市场（旧产品旧市场），同样出口的扩展边际是指新产品旧市场、新产品新市场、旧产品新市场。

在对贸易二元边际的界定有了一定程度的统一认知之后，众多学者开始探讨二元边际对贸易增长的贡献度。艾米蒂和弗雷德（Amiti and Freund，2007）基于 HS6 位码贸易数据，对中国出口贸易增长研究发现，几乎所有的出口增长都来自于集约边际。艾默格·帕切科和皮尔拉（2008）通过分别对发达国家和发展中国家进行样本研究，发现集约边际对所有地区的出口贸易的贡献都超过了扩展边际，对于贫穷国家而言，扩展边际尤为重要。菲尔伯曼和科勒（2006）通过利用引力模型的角点解，分析发现不管是从时间上还是从各个部门来看，扩展边际对贸易的增长都非常重要，占了 1950 ~ 1997 年贸易增长的 40%。赫尔曼等（2008）、贝尔纳斯科尼（Bernasconi，2009）以及菲尔伯曼和科勒（2009）都提出扩展边际对国际贸易的具有巨大的驱动作用。伯纳德等（2009）认为，长期来看扩展边际对贸易的影响十分显著，而短期内却是集约边际在起主要作用。国内学者钱学峰（2010）使用艾默格·帕切科和皮尔拉（2008）的方法，基于 CEPII – BACI 数据库，对中国 1995 ~2005 年与 11 个国家的 HS6 位数贸易数据，分解了中国出口的二元边际结构，实证研究发现中国出口主要沿着集约边际的方向增长，扩展边际的增长占据着很小的比重。施炳展（2010a）采用 HS6 位码贸易数据将中国的出口增长分解为扩展边际的增长，数量边际和价格边际的增长，研究发现中国出口产品价格低、数量高，出口的增长中数量边际的贡献最大，扩展边际次之，价格边际基本上没有贡献。

以上的研究文献都是从出口贸易方面研究了二元边际，但是从进口贸易二元边际的角度来研究进口产品贸易的文献较为鲜见，这也是本书的创新点之一。

4.3.2　进口二元边际的测度

依据以上研究二元边际的文献，我们可以将一国的贸易增长的来源归纳为两个部分：（1）出口企业和已有的出口产品在单一方向上量的扩张；（2）出口到新的国家以及出口产品种类的增加。第一部分即是指集约边际，表示对原有出口产品持续出口带来的贸易增长；第二部分即是指扩展边际，表示与新的贸易伙伴或者出口新的产品进行贸易带来的贸易增长。

基于我们掌握的是 1998 ~2012 年的 HS6 位数级的贸易数据，而且本书的研究目的是考察中间产品贸易的二元边际特征，因此在这里我们仅从产品层面界定二元边际。参照艾默格·帕切科和皮尔拉（2008），钱雪峰（2010）等人提出的定义方法，我们将集约边际界定为：过去已经出口的产品继续出口到过去已经出口的市场，即老产品老市场（*OPOM*）；扩展边际界定为：过去已经出口的产品出口到新的市场，即老产品新市场（*NPOM*）；过去没有出口过的产品出口到新市场，即新产品新市场（*NPNM*）。那么，我们可以得出以下公式：

$$TM = OPOM + NPOM + NPNM \tag{4-1}$$

其中，TM 表示总的贸易边际，这里的贸易边际是指某一年或某个时间点的某贸易国的贸易总量。由于在样本观测期的前一期内，我们无法观测贸易国的新产品和新市场贸易，由此我们可以得出：

$$NPOM = \Delta NPOM,\ NPNM = \Delta NPNM \tag{4-2}$$

最后，我们定义在某个时间点贸易产品的集约边际为 $IM = OPOM$，扩展边际为 $EM = \Delta NPOM + \Delta NPNM$。

基于我们掌握的贸易数据，贸易边际的具体计算操作方法如下：以 1998 年为基期，将 1999 年及以后的各年所有商品种类的贸易数据与基期相比较。以 1999 年为例，如发现基期中国从 j 国（或地区）进口 i 产品，而在 1999 年中国依旧从 j 国（或地区）进口 i 产品，那就对 i 产品赋值 1，否则赋值 0。对 1999 年各商品做这样的赋值，最后将赋的值与对应产品的当年的贸易额相乘，将乘积相加，得到的总和即是 1999 年的集约边际，而扩展边际等于当年的总贸易额减去集约边际。其余各个年份亦然。

4.3.3 中间产品进口的二元边际特征

基于以上计算进口二元边际的方法，我们测度得到中间产品进口的二元边际特征。如图 4-3 所示，中间产品的种类以主纵坐标衡量，贸易伙伴数量用次纵坐标衡量。在 1998~2012 年的这 15 年间，中国进口中间产品的种类经历了先增后减的过程：在 2001 年以前，总体趋势是进口中间产品的种类在不断增多；而 2001 年以后，进口中间产品的种类却在波动中逐渐减少。在中间产品的种类变动中既有新产品的波动所引起的，也有原有的中间产品不再进口所造成的。在 HS6 位数码所有的 5224 类子类中，1998 年中国进口的中间产品种类涉及 2916 种，而这一数字在 2001 年达到最大 2936 种，在 2003 年减少至 2880 种，随后继续减少，到了 2012 年下降为 2783 种。这其中可能蕴含着一个进口国根据本国需要自主选择的过程，中国需要经过一定的贸易时间对各种中间产品是进口还是自产作出选择。我国于 2001 年加入世贸组织之后，进口的中间产品种类锐减，而近年来进口中间产品种类趋向稳定，这说明入世以后，中国开始关注于进口某些类型的中间产品，如高技术含量的中间产品。另外，改革开放以后，随着近四十年的发展，我国制造业得以迅猛发展，工业制造能力得以大幅度增强，加之我国经济结构调整以及产业升级的压力，导致对进口中间产品的需求发生了变化，也会引致进口的中间产品种类波动。

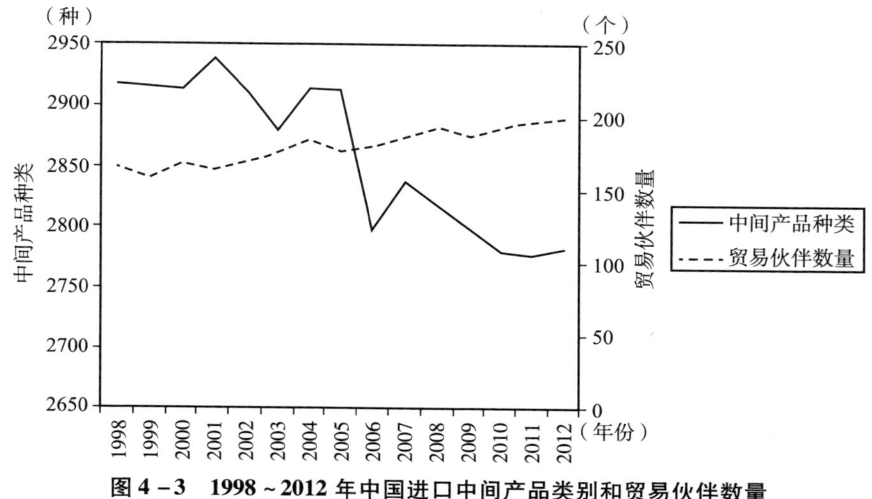

图 4－3　1998～2012 年中国进口中间产品类别和贸易伙伴数量

另一方面，中国进口中间产品的贸易伙伴一直处于平稳增长的态势，从 1998 年的 168 个增加至 2012 年的 199 个，这说明我国在进口中间产品时一直寻求新的贸易伙伴关系，以期得到更多产品种类选择。

如图 4－4 所示，从产品—国家对的角度出发，1998 年中国的中间产品进口贸易包括了 43569 个产品—国家对，这个数量在 1998～2012 年这 15 年间，中间虽有波动，但总体上保持了持续攀升，直至 2012 年的 62325 个产品—国家对。这一点和前面产品种类和贸易伙伴的数量在某些年份同时减少并不矛盾，可以理解为中国的中间产品的进口路径更为集中，从不同贸易伙伴进口的中间产品更为相似，因此在产品种类和贸易伙伴暂时减少的同时，产品—国家对数量却在增加。如果中国对 1998 年进口的所有中间产品在后续各年间还在继续进口，那么从产品—国家对这一角度出发，2012 年中国进口中间产品的扩展边际是 1998 年的 1.43 倍，因此实际的扩展边际必然大于集约边际。

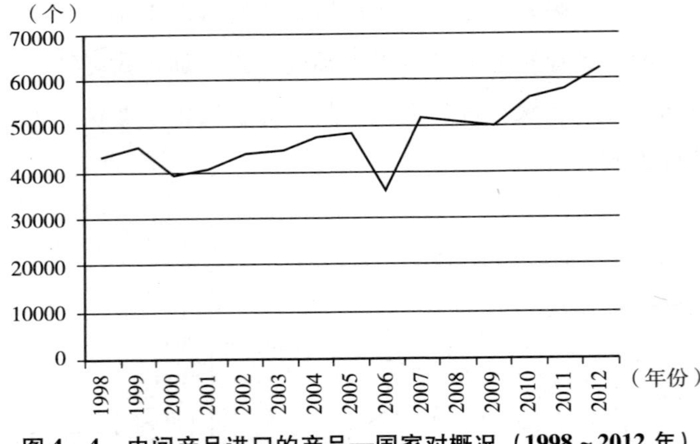

图 4-4　中间产品进口的产品—国家对概况（1998~2012 年）

以上分析的是关于中间产品的进口扩展边际的两个构成要素（产品种类和贸易伙伴国）的数量变化。贸易边际的测度的归根结底还是贸易额，按照上面提出的测度方法进行计算，我们得到了中间产品进口二元边际的基本特征。

如图 4-5 所示，给出了基于 HS6 位数码 BACI 数据统计的中国中间产品进口的二元边际，以 1998 年为基期，（因此这里不包括 1998 年的进口二元边际），图 4-5 中二元边际贸易额由主纵坐标度量，有关贸易边际占比情况则由次纵坐标度量。

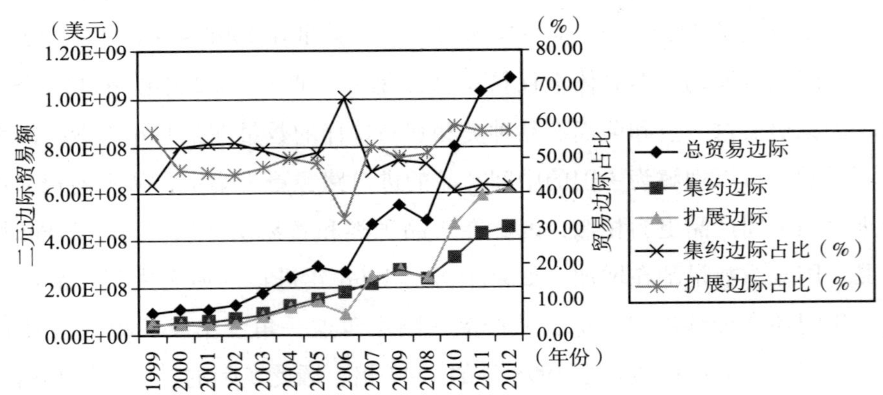

图 4-5　1999~2012 年中国中间产品进口的二元边际及占比

虽然从产品—国家对的角度，我们推断出，中间产品进口的扩展边际是大于集约边际的。但在这里，我们从图 4-5 中可知，从贸易额的角度看，2010 年以前集约边际一直高于扩展边际的，两者的整体变化趋势相同，一直到了 2010 年以后，扩展边际开始大于集约边际，并且增速开始明显上升，增幅明显。

从 1999~2005 年中间产品进口的二元边际虽然各有增长，但增速较为平缓，但是 2005 年后二元边际的波动明显，扩展边际呈现出现下降后迅猛上升的态势，而集约边际开始加速增长。

1999 年，中国进口中间产品的集约边际为 410 亿美元，扩展边际为 554 亿美元；到了 2000 年集约边际增加至 563 亿美元，扩展边际下降为 487 亿美元；而到了 2004 年，中间产品的集约边际增长为 1.21 千亿美元，扩展边际上涨至 1.20 千亿美元。到了 2007 年，介于边际为 2.2 千亿美元，扩展边际为 2.7 千亿美元，扩展边际开始超过集约边际。截至 2012 年，集约边际和扩展边际已经飞速增长至 4.6 千亿美元和 6.3 千亿美元。从二元边际的增长过程中，我们可以得出，在 2007 年以前的中间产品进口结构中，集约边际起着主要作用，但是在 2007 年以后，扩展边际逐渐开始超过集约边际，占据主要地位。另外从二元边际所占比重的变动趋势中也可看出扩展边际的作用在中间产品进口的二元边际中变得越来越重要。从 1999~2012 年的二元边际所占比重来看，集约边际在中国进口中间产品贸易额中所占的比重由 2006 年最高的 67.29% 下降至 2012 年的 42.20%，同时扩展边际却从最低的 32.71% 上升至 57.80%。二元边际所占比重的变动说明，在中间产品的进口贸易中，老市场老产品的单方向的贸易量扩张有着至关重要的作用，但新的贸易关系的开拓（新产品老市场、新产品新市场）总进口中所占地位以及重要作用越发明显。

本节基于二元边际视角，分析了我国中间产品进口的二元边际特征，那么中间产品的进口会对我国制造业的出口质量造成怎样的影响呢？集约边际和扩展边际，哪个边际对制造业出口质量的影响更大？研究这一课题，极具理论和现实意义。在进行中间产品与制造业出口质量的实证研究之前，我们先对我国制造业出口质量以及在全球贸易中占据的质量排序进行详细的分析。

第 5 章

中国制造业出口质量测度及国际比较

改革开放近四十年来，我国的出口贸易一直注重出口量的增长而忽视产品质量的提升。近年来，随着出口贸易额的爆炸式增长，以商品“物美价廉”享誉全球的“中国制造”，因产品低价和质量问题，开始频频遭遇国外反倾销诉讼。我国经过近四十年的迅猛发展，却未能创造具有顶级国际声誉的国际一线产品品牌，这也从另一个侧面说明我国出口产品的质量在国际市场上未获得消费者的认可。国际市场的竞争压力和国内转变对外贸易发展战略的需要，提升出口产品质量已经成为我国对外贸易亟须解决的问题和重点研究的课题。那么，我国制造业出口质量到底处于什么样的水平，在国际上处于什么样的地位？研究以上问题，对评估我国制造业迅猛发展的背后所蕴含的质量变化具有现实意义。本章将采用一种全新的产品质量衡量方法，对我国制造业出口质量进行全面详尽的测度，并进行国际间比较，透彻分析我国制造业出口质量在全球价值链中所处的地位。

5.1 产品质量的测度方法

在经济学范畴内，产品质量（product quality）是指企业依据特定的标准，对产品进行规划、设计、制造、储存、销售及售后服务等全过程的信息披露[1]，包含物理性能、耐用性。外观包装、安全、可靠性、可维修性等诸多方面的特性和特征的集合，是产品使用价值的具体体现。

产品质量问题很早就引起了经济学家们的关注，但由于产品层面微观数据的缺失，研究产品质量的早期文献大都停留在理论探究层面。林德（1961）首次提出产品质量是影响国际贸易模式的重要决定性因素，认为收入水平相近的国家对相似的产品存在相似的需求，即需求相似理论。随后弗洛姆和赫尔普曼（1987）在南北贸易动态模型中考虑产品垂直差异，认为国与国之间产品质量垂直差异以及消费者对产品质量差异化需求导致了国际贸易模式的变化，后被总结为垂直产业内贸易理论。而格罗斯曼和赫尔普曼（1991）通过建立理论模型，研究发现质量增长对一国经济内生增长存在非常重要的促进作用。随着大量高度细分的微观贸易数据的可获得，大量关于产品质量的经验研究文献开始不断涌现，较为有影响力的有肖特（2004）、哈拉克（2006）、哈拉克和肖特（2011）、胡默尔和克列洛等（2005）的研究。众多学者的聚焦，使得产品质量问题随之成为国际贸易研究领域的热门话题。

研究产品质量问题，一个棘手而又难以回避的难题就是如何测度产品质量。不同于技术复杂度强调的是产品间（across-product）技术含量或复杂度的差异，产品质量关注的是产品内（within-product）垂直差异。而产品内垂直差异包含一系列诸如产品耐用性、兼容性和外观观赏性以及使用灵活性等诸多难以具体衡量的特征（Aiginger，2001），因此从需求的角度，采用市场绩效和消费者的认可度来反推产品质量成为必然选择。产品单位价值（Unit Value）是较为常见且被广泛应用的一种质量测算方法。众多学者认为，质量高的产品单位价值高，所以可以被用来衡量一国进口产品的质量差异，也可以用来衡量一国不同时间出口的产品质量差异，还可以用来比较不同进口和出口国家产品的质量差异（Schott，2004；Hummel，Skiba，2004；Baldwin，Harrigan，2011；Manova，Zhang，2012；Bastos，Silva，2010）。但是产品单位价值受到了诸多因素的干扰，例如，通货膨胀、汇率低估、政府补

① 关于产品质量的概念表述来源于百度百科。

贴等。卡德尔沃尔（2010）基于巴里（1994）提出的消费离散选择模型，采用嵌套 Logit 方法，基于各国向美国出口的贸易数据，利用计量回归测算细分产品质量。施炳展、王有鑫和李坤望（2013）应用这一方法衡量了中国出口产品品质及其决定因素。卡德尔沃尔的方法能够克服单位价值方法的缺陷，但需要产品贸易数据高度细分到十分位，而且还需要包含运费和保险费，以精确计算到岸价格。对贸易数据过于苛刻的要求，使得这一方法并不具有普遍操作性。

另一些学者则认为产品质量可以采用消费者支付的价格来衡量，产品质量越高，越能满足消费者的需求，得到消费者的认可，则消费者愿意支付的价格就越高，因此出口价格较大程度上反映出产品质量的差异（Hummels and Klenow，2005；Verhoogen，2008；Kugler and Verhoogen，2012）。塔尼等（2007），哈里根等（2011）基于价格与质量之间的相关关系，提出了相对出口产品单位价值方法，即以出口产品国际市场单位价值的均值为基础，一国出口产品的单位价值与其国际市场单位价值均值进行比较，从而得以衡量该国产品的相对质量。这种方法一定程度上缓解了汇率低估、通货膨胀、政府补贴等因素对单位价值的干扰。一些国内学者采用产品相对单位价值来替代性衡量产品质量，韩会朝和徐康宁（2014）基于这一产品质量的衡量方法，检验了中国出口产品“质量门槛”假说。国内学者李坤望、蒋为和宋立刚（2014）采用这一衡量产品相对质量的方法，从市场进入的视角，解答了中国出口产品品质变动之谜。

需要指出的是，尽管学术界对价格与质量之间的关系提出以下四种可能性：低价格高质量、高价格低质量、低价格低质量、高价格高质量，但在具体的国际贸易实务中，贸易自由化的强烈呼吁促使国与国之间的贸易壁垒被逐渐消除，政府干预出口价格的行为在不断在减少，价格与质量之间的正相关关系在国际贸易中占据主流，两者的反相关关系仅属于少数的特例，在此我们暂时不予考虑价格与质量的反相关关系。

基于本书研究目的以及掌握的贸易数据，我们采用产品相对出口单位价值以测度中国制造业出口产品质量的变化。

具体计算步骤如下：

首先，计算产品 i 的国际市场单位价值均值

$$\overline{UV_i} = \frac{\sum_{c=1}^{N} V_{ic}}{\sum_{c=1}^{N} Q_{ic}} \tag{5-1}$$

其中，i 表示产品，$i \in [1, s]$；c 表示国家，$c \in [1, N]$；V_{ic}，Q_{ic}表示 c 国 i 产品的出口金额和出口数量。我国出口产品的相对质量即为：

$$\lambda_i = UV_i / \overline{UV_i} \tag{5-2}$$

其中，UV_i 为我国出口产品的单位价值，λ_i 即为我国出口产品的相对质量指数。

我们借鉴盖尔利尔等（Gaulier et al.，2006）的价格—质量区间法，根据 λ_i 的大小，将出口产品质量划分为三类：将产品出口单位价值高于世界平均水平 125% 的视为高质量产品；低于世界平均水平 75% 的视为低质量产品；介于两者之间，则视为中等质量产品。

5.2　中国制造业出口质量分布情况

在确定了产品质量的测度方法之后，我们利用法国 CEPII 的 BACI 数据库，对我国制造业 1998～2012 年出口产品质量进行测算和分析。来源于联合国 UNCOMTRADE 数据库的 BACI 数据库包含了 200 多个贸易国家，5000 多种 HS6 分位产品层面贸易数据，变量涵盖出口国、进口国、年份、HS6 分位产品编码、产品贸易值、贸易量等。与 COMTRADE 数据库不同的是，BACI 数据库通过转换系数将贸易单位统一转换为吨，这就为我们进行产品贸易量和单位价值间的国际比较提供了极大的便利条件。

5.2.1　总体分布情况

基于 BACI 数据库的 HS6 分位产品编码，本书首先依据联合国提供的

HS6 位码与国际标准行业分类（ISIC）第四版代码的对照表[①]，将产品目录归类到 4 位码的产业目录，然后将 ISIC4 位码归并到 ISIC2 位码产业归类，共涵盖 23 个细分子行业，具体产业代码和名称如表 5－1 所示。

表 5－1　　国际标准产业分类（ISIC）第四版

产业代码	产业名称
10	食品制造业
11	饮料制造业
12	烟草制造业
13	纺织制造业
14	服装制造业
15	皮革制造业
16	木制品制造业
17	造纸制造业
18	印刷与出版物
19	焦炭和石油制品
20	化学品制造业
21	药品药材制造业
22	橡胶制品
23	非金属制品
24	基本金属制造业
25	金属制品（机械、设备除外）
26	电子设备制造业
27	电力设备制造业
28	机械和设备的制造
29	汽车、挂车及半挂车
30	其他运输设备
31	家具制造业
32	其他制造业

① 这里采用国际标准产业分类（ISIC）主要是为了便于进行国际比较。

图5－1则是按照产品质量划分的不同产品质量出口总额的变化，图5－1中曲线分别表示的是所有制造业产品的出口总额、高质量产品出口总额、中等质量产品出口总额、低质量产品出口总额（李坤望等，2014）。从出口规模来看，除了极个别年份，低质量产品的出口总额远大于高质量产品的出口总额，通过图5－1中曲线趋势可以得出，低质量产品出口增长的速度大于高质量产品，两条曲线从最初的较为接近到后来距离逐渐拉大，差距明显，尽管在2010年和2011年两条曲线有过短暂交叉。中等质量产品的出口额在2009年后超过了低质量产品，这说明我国制造业出口处于中等质量水平的产品有所攀升，但高质量产品的增幅并不显著。

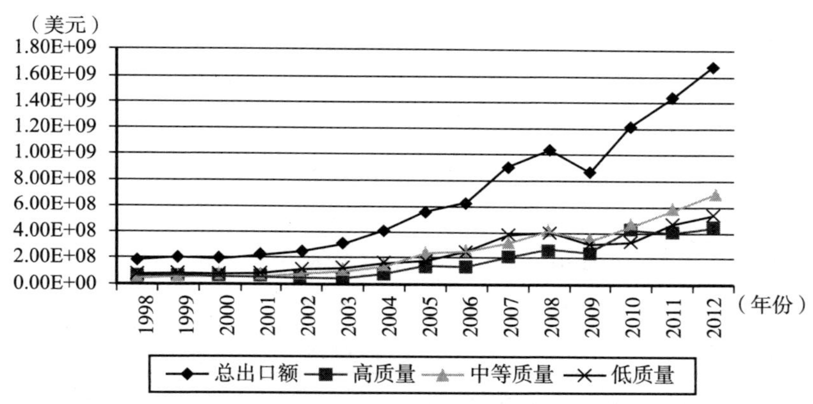

图5－1 中国制造业出口产品质量分布及变化趋势（1998～2012年）

资料来源：根据国际标准产业分类表整理得到。

表5－2列出了中国制造业出口的高质量产品、中等质量产品和低质量产品所占份额。从表5－2中时间变化来看，加入世贸组织之前，中国制造业出口产品质量处于不断提升的阶段，高质量产品所占的出口份额在处于小幅上升，由1998年的25.08%，至2001年的26.31%。低质量产品所占的出口份额则在不断降低，由1998年的41.84%，下降至2001年的37.78%。但在2001年加入世贸组织之后，高质量产品的出口份额急剧下滑，低质量产品出口份额又重新上升。与高质量产品和低质量产品的出口份额相比，中等质量产品的出口份额波动幅度并不明显，加入世贸组织之后，中等质量产

品的出口份额处于平稳上升的态势。

表 5－2　中国制造业出口产品质量所占的份额　单位：%

年份	高质量产品份额	中等质量产品份额	低质量产品份额
1998	25.08	34.08	41.84
1999	28.19	33.97	39.85
2000	26.56	40.15	34.97
2001	26.31	37.49	37.78
2002	24.49	36.79	41.56
2003	22.64	36.48	42.02
2004	22.78	39.23	39.47
2005	25.37	43.57	32.35
2006	22.58	40.97	37.58
2007	22.56	36.44	42.00
2008	24.42	39.23	37.98
2009	28.00	39.17	34.79
2010	35.04	38.68	27.69
2011	29.31	40.35	32.57
2012	27.66	41.68	31.86

资料来源：根据 BACI 数据库，作者计算整理。

5.2.2　细分行业的质量分布

在分析了中国制造业出口产品质量的整体分布情况之后，我们进一步将产品归并到 ISIC2 位码细分行业，分析我国制造业细分行业的质量分布情况。

我们按照 ISIC 第四版的 2 位代码将制造业细分为 23 个子行业，表 5－3 列出了 23 子行业的出口额占总出口额的比重。考察 15 年间各个制造业细分子行业的出口额占比，我们发现出口额较大的子行业主要有：食品、纺织、服装、皮革、电子、机械、化工、橡胶、金属制品等，其中出口额占比最大的是电子信息业。

表 5－3　　　　中国制造业细分行业出口额占比（1998～2012 年）

名称	1998年	2000年	2002年	2004年	2005年	2006年	2007年	2008年	2009年	2010年	2011年	2012年
食品	0.047	0.050	0.045	0.035	0.030	0.033	0.026	0.024	0.026	0.023	0.024	0.022
饮料	0.000	0.000	0.000	0.000	0.000	0.000	0.000	0.000	0.000	0.000	0.000	0.000
烟草	0.002	0.001	0.001	0.001	0.001	0.001	0.000	0.000	0.001	0.001	0.001	0.001
纺织	0.070	0.030	0.041	0.029	0.025	0.027	0.017	0.015	0.020	0.043	0.046	0.044
服装	0.212	0.195	0.174	0.137	0.133	0.135	0.114	0.103	0.120	0.112	0.108	0.096
皮革	0.104	0.103	0.090	0.069	0.058	0.057	0.050	0.046	0.046	0.042	0.040	0.040
木材	0.013	0.009	0.010	0.008	0.011	0.008	0.009	0.006	0.006	0.006	0.006	0.008
造纸	0.007	0.006	0.008	0.007	0.008	0.008	0.007	0.007	0.008	0.007	0.007	0.007
印刷	0.000	0.000	0.000	0.000	0.000	0.000	0.000	0.000	0.000	0.000	0.000	0.000
石油	0.010	0.018	0.016	0.020	0.016	0.011	0.013	0.016	0.013	0.013	0.013	0.011
化工	0.048	0.050	0.050	0.049	0.051	0.050	0.057	0.065	0.058	0.059	0.066	0.060
药品	0.010	0.009	0.009	0.007	0.007	0.004	0.008	0.009	0.010	0.010	0.009	0.009
橡胶	0.036	0.027	0.027	0.026	0.035	0.025	0.026	0.027	0.027	0.027	0.030	0.036
非金属制品	0.023	0.017	0.021	0.021	0.024	0.024	0.022	0.023	0.023	0.021	0.021	0.023
基本金属	0.035	0.041	0.030	0.051	0.054	0.078	0.083	0.089	0.044	0.047	0.056	0.054
金属制品	0.038	0.033	0.035	0.035	0.040	0.040	0.039	0.040	0.039	0.035	0.037	0.042
电子	0.181	0.217	0.253	0.330	0.333	0.332	0.373	0.356	0.387	0.385	0.366	0.356
电力	0.056	0.060	0.060	0.061	0.057	0.051	0.050	0.053	0.053	0.052	0.053	0.053
机械	0.024	0.030	0.033	0.033	0.035	0.037	0.043	0.048	0.044	0.047	0.050	0.056
工具	0.008	0.010	0.010	0.011	0.017	0.015	0.017	0.017	0.016	0.017	0.019	0.025
运输	0.016	0.018	0.019	0.014	0.014	0.015	0.012	0.013	0.014	0.012	0.011	0.011
家具	0.009	0.011	0.012	0.010	0.012	0.012	0.008	0.008	0.008	0.009	0.008	0.011
其他	0.050	0.065	0.056	0.045	0.042	0.039	0.024	0.034	0.036	0.031	0.028	0.037

注：受限于篇幅，未将每一年的出口质量指数值都列出；子行业出口额占比为 0，并不是表示该行业不出口，而是出口额占比过小，未予显示。由于篇幅限制，作者省略了 1999 年、2001 年、2003 年的数据。

资料来源：根据 BACI 数据库，作者计算整理。

进一步地，我们拓展李坤望和王有鑫（2013）的计算公式，采用下式衡量制造业细分行业的相对质量：

$$Indus\_q_j = \sum_i \frac{TV_{ij}}{\sum_i TV_{ij}} \lambda_{ij} \tag{5-1}$$

其中，$Indus\_q_j$ 表示 j 行业的出口相对质量，用 j 行业中 i 中产品出口相对质量的加权平均计算得到，权数为每种产品在该行业总出口额中所占的份额。TV_{ij} 表示 j 行业中第 i 种产品的出口总额，λ_{ij} 表示 j 行业中第 i 种产品的相对质量。这里采用出口份额作为权重，是充分考虑到不同产品对行业出口单位价值的差异化贡献。

表 5－4 列出了通过式（5－33）计算得到的中国制造业 23 个细分子行业的出口产品质量变化趋势，并剔除了异常值。从整体质量均值来看，中国制造业的出口质量呈下降趋势，1998～2001 年质量均值为 1.76，2002～2012 年质量均值为 1.36，增长率为－22.74%（考虑到加入世贸组织导致的出口贸易波动影响，增长率是 1998～2001 年均值与 2002～2012 年均值比较得到）。从变动趋势来看，自 2001 年之后，中国制造业出口质量开始呈现大幅度下降，而 2001 年以后正好是中国加入世贸组织之后，出口规模开始急剧扩张的时期，这说明大量低质量产品从我国涌向了世界市场。表 5－4 中还列出了按照 ISIC2 位码划分的 23 个子行业的出口质量变化趋势情况，其中出口额较大的纺织、服装、皮革、化工、电子、机械等行业的相对质量在 2001 年之后呈显著的负增长，行业质量下降趋势尤为明显。这说明入世之后，低质量产品在这些行业的出口总额中所占比重呈不断上升趋势。这一研究结论与施斌展（2013）、李坤望（2014）等的研究较为一致。但在进入 2010 年之后，一些细分行业的出口质量水平有所回升，下降幅度减缓。这可能是因低价低质量出口产品所引发的针对我国出口产品低质量的反倾销诉讼等贸易摩擦不断增多，促使我国制造业企业开始采取加大研发投入，进口高质量的中间产品等有效措施，致力于提升产品质量，摆脱“低质量陷阱”。

表 5－4　　　中国制造业细分行业出口产品质量变化趋势（1998～2012）

名称	1998年	2000年	2002年	2004年	2005年	2006年	2007年	2008年	2009年	2010年	2011年	2012年	均值
整体	1.77	1.63	1.55	1.35	1.23	1.28	1.25	1.28	1.35	1.47	1.36	1.35	1.56
食品	1.50	1.43	1.27	1.22	1.19	1.20	1.16	1.22	1.25	1.33	1.32	1.35	1.34
饮料	1.51	1.06	1.01	0.87	0.91	1.04	1.27	1.24	1.11	2.11	2.04	2.17	1.32
烟草	1.55	0.68	0.66	0.74	1.05	1.01	0.89	0.90	1.00	1.02	0.95	0.98	0.93
纺织	1.32	1.48	1.25	1.15	1.10	1.08	1.10	1.22	1.17	1.07	1.09	1.10	1.27
服装	1.11	1.20	1.13	1.05	1.11	1.11	1.17	1.42	1.16	1.19	1.18	1.16	1.17
皮革	2.88	1.43	1.16	1.01	1.07	1.04	1.06	1.14	1.33	1.25	1.21	1.17	1.44
木材	1.57	1.39	1.44	1.32	1.16	1.35	1.57	1.37	1.30	1.47	1.45	1.34	1.45
造纸	1.32	1.53	1.31	1.41	1.10	1.08	1.04	1.09	1.09	1.16	1.16	1.20	1.31
印刷	1.32	1.79	1.21	0.62	0.85	0.83	0.98	1.06	1.25	1.53	1.68	1.03	1.39
石油	1.31	1.17	1.95	1.32	1.14	1.66	1.30	1.19	1.09	1.07	1.02	1.04	1.45
化工	1.44	1.23	1.22	1.20	1.19	1.17	1.11	1.16	1.16	1.19	1.18	1.15	1.28
药品	1.42	1.34	1.16	1.07	1.02	1.17	1.01	1.04	1.27	1.53	1.26	1.26	1.27
橡胶	1.38	1.16	1.04	0.90	0.95	0.88	0.86	0.95	0.93	0.97	0.92	1.04	1.14
非金属制品	1.29	1.28	1.06	0.99	0.98	0.95	0.93	0.97	1.60	1.13	1.08	1.23	1.19
基本金属	1.27	1.23	1.21	1.15	1.13	1.07	1.00	1.08	1.05	1.17	1.13	2.19	1.26
金属制品	0.96	1.03	1.03	0.90	0.89	0.98	0.81	0.86	0.91	0.94	0.92	0.91	1.02
电子	1.56	1.37	1.40	1.33	1.27	1.32	1.42	1.44	1.59	1.79	1.51	1.45	1.51
电力	1.59	1.71	1.63	1.66	1.64	1.62	1.53	1.57	1.64	1.74	1.56	1.37	1.64
机械	1.18	1.42	1.26	0.99	1.04	1.12	1.11	1.20	1.35	1.65	1.47	1.16	1.28
工具	1.07	2.76	1.19	1.52	1.11	1.23	0.97	0.91	1.00	2.11	1.68	0.95	1.49
运输	1.44	1.34	1.51	1.19	1.21	1.23	1.24	1.62	1.79	2.37	1.75	1.18	1.47
家具	0.83	0.98	1.00	0.82	0.84	0.96	1.02	1.02	1.04	0.95	0.91	0.94	0.95
其他	1.67	1.60	1.48	1.26	1.09	1.09	1.08	1.09	1.11	1.21	1.07	1.16	1.45

注：由于篇幅限制，作者省略了 1999 年、2001 年、2003 年数据。

资料来源：根据 BACI 数据库，作者计算整理。

5.3 中国制造业出口质量跨国（或地区）比较

上一节分析了中国制造业出口质量的总体分布情况和细分行业层的分布情况，那么中国制造业出口质量在国际市场上处于什么样的地位？为了进一步了解中国制造业出口质量在国际市场上所处的地位，在本节我们将中国制造业细分行业质量与世界上重要出口国的制造业细分行业质量进行比较。按照经济发展水平和一定的地理区位属性，我们将进行比较的出口方分为四组：新兴经济体、东盟国家、欧盟国家和其他出口大国。其中，新兴经济体经济发展势头迅猛，在全球市场中的出口份额不断扩大，已引起学术领域和官方机构的广泛关注；东盟国家与我国同处亚洲，地理位置相近，与我国存在竞争和合作关系；欧盟国家经济发展水平和科技研发水平都较高，是我国重要的技术进口来源国；而其他重要出口国如美国、日本等与我国都属于出口大国，双边贸易额不断增长，经济关联性强。通过与这四组国家（或地区）进行制造业出口质量的跨国（或地区）比较，我们将得到极为丰富的结论，可以为我国制造业出口质量的提升提供有益的借鉴经验。

需要指出的是，在本书中我们根据国际标准产业（ISIC）第四版分类方法对制造业进行细分，制造业涵盖了23个细分行业，同时按照国内学者谢建国（2003）的分类标准，将这些细分行业依据要素禀赋程度又可以划分为劳动密集型行业、资本密集型行业、技术密集型行业①。考虑到文章篇幅，同时参考行业出口额，我们选取6个细分行业进行跨国比较，包括属于劳动密集型行业的服装制造业和纺织制造业、属于资本密集型行业的石油冶

① 其中劳动密集型行业包括农副食品加工业、食品制造业、饮料制造业、烟草制品业、纺织业、纺织服装鞋帽制造业、皮革皮毛羽毛及其制品业、木材加工业。资本密集型行业包括家具制造业、造纸及纸制品业、印刷业、文教体育用品制造业、石油加工及炼焦业、黑色金属冶炼及压延加工业、有色金属冶炼及压延加工业、金属制品业。技术密集型行业包括化学原料及化学制品制造业、医药制造业、化学纤维制造业、通用设备制造业、专用设备制造业、交通运输设备制造业、电气机械及器材制造业、电子及通信设备制造业、仪器仪表及文化办公用机械制造业。

炼及炼焦业和金属制品制造业、属于技术密集型行业的化学制品制造业和电子及通信设备制造业。

5.3.1　中国与新兴经济体的出口质量比较

在错综复杂的多极化全球经济格局中，新兴经济体正逐渐成为全球经济增长的新引擎，对世界经济政治格局发挥着越来越重要的作用。但关于新兴经济体的概念界定，各国研究机构和官方部门因各自的衡量标准不一，迄今都未能得出一个被普遍认可的定义。其中，法国 CEPII 研究中心认为，新兴经济体是指那些在特定时期人均 GDP 低于工业化国家，而同期出口增长率高于工业化国家的平均水平的国家和地区（张宇燕，2010）。我们按照法国 CEPII 定义的新兴经济体的标准，选取印度、巴西、俄罗斯、墨西哥作为新兴经济体样本国。

表 5－5 列出了四个新兴经济体与中国在 6 个具有代表性的制造业细分行业出口质量的比较变化情况，表 5－5 中的数值是通过新兴经济体的出口质量指数除以中国的出口质量指数而得到。从整体来看，中国与四个新兴经济体国家的制造业出口质量之间的差距呈现出不断扩大的趋势，但进入 2010 年左右，差距扩大的态势在减弱，这可能是因为中国也开始关注出口的产品质量的提升。

表 5－5　　四个新兴经济体与中国的制造业细分行业质量比较（1998～2012 年）

国家	行业	1998 年	2000 年	2002 年	2004 年	2005 年	2006 年	2007 年	2008 年	2009 年	2010 年	2011 年	2012 年
印度	纺织	0.89	0.59	0.82	0.77	1.03	1.00	0.93	0.82	1.00	2.54	1.09	1.22
	服装	0.81	1.03	1.03	1.19	1.10	1.08	0.99	1.15	1.03	1.19	1.03	1.42
	石油	1.13	1.29	1.06	1.18	1.27	0.61	0.89	1.04	0.98	1.60	0.99	1.05
	金属	0.71	0.97	0.90	0.81	1.12	0.90	1.18	1.39	2.20	3.57	1.09	0.42
	化工	0.91	1.49	1.60	1.63	1.58	1.69	1.76	1.78	1.70	2.52	1.66	1.64
	电子	2.26	2.25	2.72	2.00	2.14	2.69	2.19	1.46	1.98	1.07	0.90	1.42

续表

国家	行业	1998年	2000年	2002年	2004年	2005年	2006年	2007年	2008年	2009年	2010年	2011年	2012年
巴西	纺织	3.29	1.05	1.15	1.42	0.99	1.68	0.94	0.96	0.97	1.63	1.39	1.44
	服装	5.16	1.42	1.35	1.62	1.75	2.13	2.53	1.94	2.72	3.88	3.24	3.12
	石油	1.19	1.31	0.98	0.71	0.94	0.43	0.95	0.80	1.06	1.39	0.90	0.88
	金属	1.50	2.58	1.05	0.96	0.85	1.14	1.31	1.26	1.51	1.16	1.04	0.72
	化工	2.28	1.41	1.36	1.11	1.02	1.08	1.45	2.20	1.36	1.34	1.49	2.18
	电子	2.58	2.90	1.44	1.20	1.10	1.09	3.31	0.78	1.12	1.94	1.65	1.39
俄罗斯	纺织	1.46	0.58	0.97	0.80	1.01	1.15	1.15	1.17	1.35	1.70	2.33	1.71
	服装	1.19	2.49	1.91	2.55	2.10	2.97	2.87	1.72	4.15	4.42	3.65	3.54
	石油	1.96	1.18	1.20	0.88	1.10	0.56	0.94	0.89	1.01	0.97	1.29	0.91
	金属	0.94	2.50	1.41	0.82	0.90	0.98	1.14	1.14	1.39	1.05	1.18	0.85
	化工	0.76	1.38	1.00	1.07	1.05	1.18	1.11	1.20	1.02	1.21	1.13	1.26
	电子	4.70	6.68	7.96	7.17	7.06	7.26	6.53	6.66	6.21	2.90	5.84	5.09
墨西哥	纺织	0.86	0.82	1.10	0.88	1.05	1.12	1.28	0.91	1.11	1.32	1.23	1.22
	服装	0.60	0.70	0.76	0.84	0.81	0.83	0.75	3.97	0.83	0.83	0.79	0.82
	石油	0.78	0.87	0.94	0.75	1.04	3.69	6.41	1.00	0.87	0.93	0.90	0.93
	金属	1.16	2.77	1.01	0.93	0.83	1.01	1.16	2.10	1.00	0.74	0.78	1.37
	化工	1.26	1.37	1.65	1.54	1.25	1.25	1.29	1.40	1.22	1.15	1.20	1.41
	电子	1.09	0.98	0.81	0.82	0.93	0.98	1.68	1.32	1.56	1.69	1.73	1.52

注：由于篇幅限制，作者省略了1999年、2001年和2003年数据，下同。
资料来源：根据BACI数据库，作者计算整理。

从单个国家来看，印度与中国出口质量在6个典型性制造业细分行业的差距相对较小，其中同属劳动密集型行业的纺织和服装制造业出口质量差距最小，可能的是因为印度和中国都是人口大国，在劳动密集型行业的优势都较为突出。在1998~2012年，相较于中国的纺织品和服装的出口质量，印度在这两个行业的出口质量有所提升，略高于中国。而在石油冶炼及炼焦业，印度的出口质量在大部分年份略低于中国；在金属制品行业、化学制品制造业以及电子信息及通信设备制造业，印度的出口质量则明显高于中国，尤其是电子信息及通信设备业，属于印度出口的第一大产业和比较优势明显的产业。

巴西的制造业出口质量整体水平略高于中国，服装制造业的出口质量远甚于中国，纺织制造业的出口质量并不稳定，与中国相较，2010 年之后出口质量有所提升。巴西石油冶炼及炼焦业出口质量在大部分年份低于中国，差距明显；而金属制品、化工、电子信息行业的出口质量在 15 年间明显高于中国。巴西铁矿资源丰富，且质地优良，在现代工业方面，已经跃居世界重要生产国家行列，制造业的发展潜力巨大。

俄罗斯与中国接壤，其制造业出口质量整体水平高于中国，尤其电子信息行业，差距明显。而在纺织、服装制造业、石油冶炼及炼焦业、金属制品行业及化工行业的出口质量与中国较为接近，出口质量略高于中国。俄罗斯属于矿产资源大国，重要的石油和天然气输出国，工业和科技基础极为雄厚，重工业发达。

墨西哥的制造业整体出口质量水平低于中国。纺织、服装制造业、石油冶炼及炼焦业、金属制品行业与中国出口质量的差距最小，在 1998 ~2012 年的多数年份质量低于中国。而化工以及电子信息行业的出口质量则略高于中国。墨西哥的主要经济部门，如纺织服装业、出口加工业等都是面向美国市场的，因此在经济上对美国的依赖程度较深，制造业的发展受到了一定的限制。

5.3.2　中国与东盟国家的出口质量比较

东盟（Association of Southeast Asian Nations，ASEAN）的前身是马来西亚、菲律宾和泰国于 1961 年在曼谷成立的东南亚联盟。1967 年东盟正式成立，迄今为止已经涵盖整个东南亚地区，形成了一个人口超过 5 亿，面积达 450 万平方公里的 10 国集团。中国—东盟自由贸易区已经于 2010 年正式建成，成为拥有 19 亿人口、生产总值接近 6 万亿美元，贸易总额达 4.5 万亿美元的自由贸易区。①

① 关于东盟国家的介绍来源于百度百科。

由于同属于亚洲国家，地理气候条件相近，中国与东盟国家在经济结构和要素禀赋等诸多方面存在着极大的相似性，由此造成了中国与东盟国家出口贸易产品结构的相似，使得双方在国际市场上竞争激烈。因此，基于既合作又竞争的关系格局，研究东盟国家的制造业出口质量对中国制造业的发展具有一定的现实意义。在此，在东盟十国中，选择出口贸易额较大的印度尼西亚、马来西亚、菲律宾、新加坡和泰国五个国家与中国进行对比研究。

表5－6报告了1998～2012年，五个东盟国家与中国在制造业细分行业出口质量的比较变化情况。与表5－5一样，表5－6中的数值是通过东盟国家的出口质量指数除以中国的出口质量指数而得到。整体而言，中国与东盟国家的制造业出口质量之间的差距并不大，大部分比值介于1～3。

表5－6　　东盟五国与中国的制造业细分行业质量比较（1998～2012年）

国家	行业	1998年	2000年	2002年	2004年	2005年	2006年	2007年	2008年	2009年	2010年	2011年	2012年
印度尼西亚	纺织	0.61	0.58	0.66	0.67	0.87	0.79	0.77	0.65	0.65	1.01	0.98	1.02
	服装	0.91	1.03	1.11	1.27	1.48	1.65	1.52	1.37	1.44	1.49	1.39	1.34
	石油	0.66	0.90	0.88	1.25	1.29	0.59	1.27	1.07	1.21	1.39	1.95	0.96
	金属	0.54	3.05	1.52	1.42	0.82	1.27	2.46	2.22	3.72	3.06	3.26	1.38
	化工	0.51	0.72	0.86	0.79	0.79	0.80	0.86	0.84	0.77	0.81	0.80	0.91
	电子	0.87	0.78	1.26	1.16	1.56	0.51	0.55	0.43	0.59	0.85	1.33	0.45
马来西亚	纺织	0.89	0.66	0.97	0.70	1.12	0.92	0.92	1.20	0.69	1.08	0.94	1.35
	服装	1.35	1.23	1.97	1.21	1.12	1.17	1.07	1.18	1.19	1.21	1.18	3.23
	石油	0.84	0.93	1.02	0.78	1.02	0.55	0.94	0.95	1.10	1.04	1.02	0.91
	金属	0.55	1.17	1.19	1.11	0.95	1.08	1.26	1.67	1.34	1.23	1.08	0.73
	化工	0.41	0.79	0.77	0.84	0.94	0.88	0.98	1.13	1.06	1.10	1.00	0.97
	电子	0.89	1.52	1.83	1.85	1.40	1.63	2.92	3.54	3.46	2.85	3.10	4.46

续表

国家	行业	1998年	2000年	2002年	2004年	2005年	2006年	2007年	2008年	2009年	2010年	2011年	2012年
菲律宾	纺织	0. 58	0. 90	1. 02	1. 07	1. 70	1. 60	1. 78	1. 41	1. 10	1. 59	2. 03	1. 66
	服装	0. 84	1. 28	1. 30	1. 33	1. 38	1. 37	1. 58	2. 03	1. 73	1. 69	1. 50	1. 59
	石油	0. 73	1. 53	1. 07	0. 89	0. 86	0. 47	0. 90	1. 02	2. 56	1. 00	0. 96	0. 93
	金属	0. 64	3. 03	1. 06	1. 08	0. 77	0. 96	0. 94	1. 36	0. 88	0. 72	0. 82	0. 83
	化工	1. 28	1. 32	1. 43	1. 77	1. 63	1. 69	1. 59	1. 38	1. 19	2. 15	1. 29	1. 61
	电子	0. 43	0. 57	1. 06	1. 05	0. 92	1. 14	1. 42	1. 24	1. 10	1. 15	1. 03	0. 75
新加坡	纺织	1. 22	1. 24	1. 26	1. 37	1. 91	1. 99	2. 18	1. 44	2. 01	2. 40	2. 89	6. 06
	服装	1. 04	1. 01	1. 19	1. 28	1. 31	1. 32	1. 32	1. 94	1. 77	2. 62	3. 25	2. 39
	石油	0. 76	0. 88	1. 07	0. 81	0. 99	0. 50	0. 87	0. 96	0. 98	0. 94	1. 00	0. 99
	金属	1. 02	4. 28	2. 08	1. 53	1. 28	1. 48	1. 55	1. 83	2. 00	1. 53	1. 62	2. 40
	化工	2. 53	4. 96	5. 64	5. 87	5. 54	6. 37	6. 85	6. 65	6. 08	5. 85	6. 25	6. 74
	电子	1. 42	1. 64	1. 99	2. 10	1. 99	2. 36	2. 48	3. 09	3. 29	2. 85	3. 18	2. 63
泰国	纺织	0. 64	0. 63	0. 75	0. 84	1. 26	1. 13	1. 14	0. 94	1. 01	1. 34	1. 41	1. 44
	服装	0. 89	1. 11	1. 24	1. 33	1. 24	1. 29	1. 25	1. 31	1. 28	1. 39	1. 41	1. 54
	石油	0. 72	1. 06	1. 32	0. 89	1. 06	0. 54	0. 89	0. 92	1. 11	1. 15	1. 27	0. 99
	金属	0. 60	0. 94	1. 00	0. 98	1. 02	1. 08	1. 30	3. 64	1. 66	1. 32	1. 13	1. 28
	化工	0. 40	0. 93	0. 94	0. 79	0. 91	0. 90	0. 96	1. 00	0. 89	0. 88	0. 90	0. 97
	电子	0. 87	1. 54	1. 59	1. 35	1. 42	1. 71	2. 24	1. 87	1. 83	2. 16	1. 69	1. 36

资料来源：根据 BACI 数据库，作者计算整理。

印度尼西亚与中国在 6 个典型性制造业细分行业的差距相对较小，其中纺织制造业、化工、电子信息行业的出口质量低于中国，服装制造业、石油冶炼及炼焦业和金属制品制造业的出口质量与中国的比值呈现出先低后高的发展态势，出口质量逐年上升。

马来西亚的出口质量状况与印度尼西亚类似，纺织制造业、金属制品、化工行业、石油冶炼及炼焦业的出口质量都低于中国，而服装制造业和电子信息行业的出口质量则高于中国，尤其是电子信息行业。

菲律宾纺织制造业、服装制造业的出口质量高于中国，而金属制品、化工行业、石油冶炼及炼焦业、电子信息的出口质量都低于中国。

新加坡除了石油冶炼及炼焦业的出口质量低于中国，其他行业的出口质量则高于中国，其中化工、电子信息行业的出口质量远高于中国，差距明显。

泰国纺织制造业、服装制造业、电子信息行业的出口质量高于中国，而金属制品、化工行业、石油冶炼及炼焦业的出口质量低于中国。

东盟五国与中国制造业细分行业的出口质量呈现出以上特征，主要与国家经济发展水平和产业结构有关，其中印度尼西亚、马来西亚、菲律宾和泰国的经济发展水平与我国较为接近，产业结构相似，出口的产品主要是以低技术、低附加值的劳动密集型、资源密集型产品为主，同我国存在激烈的竞争。而新加坡作为“亚洲四小龙”之一，经济发展水平较高，产业结构与许多发达国家相似，经过多年发展，资本与技术密集度较高的产业已经成为主导。政府注重教育投资使得新加坡名校众多，高质量人力资本优势突出，在高科技和知识密集型产业上具有较大的比较优势，出口贸易以高科技的电子产品、化工产品、机械设备和信息产品为主。相较而言，我国的比较优势仍局限于劳动密集型产业，受限于科研水平和人力资本水平，在资本和技术密集型产业上同新加坡还存在很大的差距，因此出口质量明显低于新加坡。

5.3.3 中国与欧盟国家的出口质量比较

欧洲联盟（European Union，EU），主要经历了三国（荷兰、卢森堡、比利时）经济联盟、欧洲共同体、欧盟三个发展阶段。截至 2013 年 7 月 1 日，欧盟一共有 28 个成员国，人口已经达 3.5 亿。作为一个在世界上具有重要影响力的区域性经济合作国际组织，欧盟集政治实体和经济实体于一体，在诸如关税、外贸以及农业等经济政策上实行步调一致，并建立了政治合作制度，综合经济实力已经超越美国成为世界第一。伴随着市场规模和市场容量的不断扩大，欧盟的经济发展空间巨大。对于中国而言，欧盟国家是中国至关重要的高新尖端技术、高质量中间产品以及资本进口来源国。比较欧盟国家与中国的出口质量，对中国的经济发展有着深远的借鉴价值。这里，我们选取了出口贸易额大的法国、德国、英国和意大利四个国家。四个国家都属于老牌的资本主义发达国家，工业基础雄厚，科技发达，人均 GDP 居世界前列，资本和技术优势明显，出口的产品大都处于“质量阶梯（Quality Ladder）”的上游。

表 5－7 报告了 1998～2012 年，欧盟四国与中国在制造业细分行业出口质量的比较变化情况。通过观测表 5－7 中欧盟四国与中国制造业细分行业出口质量的比值，不难得出，中国与欧盟国家的制造业出口质量之间的差距明显，且呈逐年扩大趋势，尤其是体现在资本密集型行业和技术密集型行业。

表 5－7　欧盟四国与中国的制造业细分行业质量比较（1998～2012 年）

国家	行业	1998 年	2000 年	2002 年	2004 年	2005 年	2006 年	2007 年	2008 年	2009 年	2010 年	2011 年	2012 年
法国	纺织	0.97	1.16	1.89	1.99	2.54	2.65	2.66	2.15	2.47	3.30	3.43	2.99
	服装	2.33	2.90	3.27	3.76	3.69	4.38	4.85	2.96	4.15	4.97	4.92	4.41
	石油	1.11	1.39	1.26	0.92	1.03	1.99	3.62	3.19	3.99	6.05	4.64	1.07
	金属	0.87	1.26	1.42	1.04	1.10	1.25	1.57	1.42	2.33	1.25	1.27	0.66
	化工	1.08	2.02	1.95	2.09	1.78	1.83	2.31	2.44	2.38	2.51	2.22	2.21
	电子	1.79	2.31	2.77	3.34	2.97	4.18	4.06	4.26	4.56	2.27	4.58	2.53
德国	纺织	0.91	1.22	1.55	2.10	2.04	1.94	1.94	1.71	1.77	2.29	2.22	1.88
	服装	1.67	2.22	2.83	3.50	3.04	2.33	2.32	1.46	2.17	2.13	2.12	1.85
	石油	1.17	1.14	1.24	0.94	1.10	0.57	1.02	1.08	1.34	1.31	1.32	1.24
	金属	0.82	1.19	1.34	1.11	1.10	1.29	1.48	1.52	1.57	1.33	1.40	1.00
	化工	0.71	1.03	1.13	1.23	1.20	1.30	1.46	1.45	1.46	1.56	1.41	1.49
	电子	1.65	2.34	3.03	2.99	2.33	2.42	2.87	3.25	3.04	2.17	2.84	1.94
英国	纺织	1.15	1.21	1.69	1.89	2.54	2.44	2.50	1.99	2.11	2.95	2.66	2.57
	服装	1.97	2.19	2.61	2.87	2.68	2.75	2.74	1.73	2.48	2.85	2.30	2.11
	石油	0.98	0.92	1.04	0.91	1.09	0.52	0.99	0.92	1.07	1.08	1.12	1.10
	金属	0.85	4.43	2.09	1.42	1.50	1.48	1.74	2.57	2.29	1.87	2.73	1.15
	化工	1.10	2.18	2.07	1.95	1.86	2.20	2.44	2.63	2.81	2.88	2.36	3.01
	电子	2.38	2.37	3.74	3.02	3.23	2.90	3.51	3.79	3.93	2.27	4.07	2.62

续表

国家	行业	1998年	2000年	2002年	2004年	2005年	2006年	2007年	2008年	2009年	2010年	2011年	2012年
意大利	纺织	0. 86	1. 10	1. 56	1. 70	2. 17	2. 21	2. 26	1. 86	1. 96	2. 66	2. 29	2. 27
	服装	2. 12	2. 91	3. 41	4. 32	4. 53	4. 70	4. 85	3. 11	4. 89	4. 97	5. 06	4. 48
	石油	0. 87	0. 92	1. 20	0. 94	1. 09	0. 54	0. 92	1. 08	1. 24	1. 02	1. 08	1. 02
	金属	0. 74	1. 17	1. 11	1. 05	1. 05	1. 32	1. 42	1. 53	1. 44	1. 17	1. 28	1. 24
	化工	1. 02	1. 60	1. 56	1. 71	1. 64	1. 65	1. 84	1. 99	2. 12	2. 19	2. 06	2. 03
	电子	1. 94	2. 93	3. 82	3. 44	2. 97	3. 18	4. 00	4. 58	4. 19	2. 27	4. 58	2. 22

资料来源：根据 BACI 数据库，作者计算整理。

在中国具有一定比较优势的纺织和服装制造业，四个欧盟国家的出口质量都远高于中国，其中法国和意大利与中国在这两个行业出口质量的比值最大。纺织和服装制造业在法国和意大利都是优势突出的主要工业经济部门，出口产品质量远超世界平均水平。意大利更是有米兰等“世界时尚之都”，服装设计享誉全球，服装出口已经成为意大利弥补国家收支逆差的第一大来源。

在石油冶炼及炼焦和金属制品行业，欧盟国家利用自身丰裕的资本要素，出口的产品质量也是远胜于中国，其中法国在石油冶炼及炼焦行业与中国的比值最大。法国具有世界领先的石油和石油加工技术，比较优势明显。

与中国相比，四个欧盟国家在化工和电子信息行业的实力非常雄厚，老牌资本主义国家借助自身的科研创新能力，在技术密集型行业占据着领先地位，如英国和德国。

5.3.4 中国与其他重要出口国家的出口质量比较

在考察了新兴经济体、东盟国家和欧盟国家与中国在制造业细分行业出口质量上的差异之后，我们还选取了美国、加拿大、澳大利亚和日本，四个不属于以上分类但对世界经济也极具影响力的国家，与中国进行比较。这四个国家都属于发达国家，但各具特色，比较优势各异。

表 5－8 列出了 1998～2012 年，其他重要出口国家与中国在制造业细分行业出口质量的比值。整体而言，中国与四个国家在 6 个具有代表性质的制造业细分行业的出口质量上的差距较大，且差距在不断扩大。

表 5－8　　其他重要出口国家与中国的制造业细分行业质量比较（1998～2012 年）

国家	行业	1998年	2000年	2002年	2004年	2005年	2006年	2007年	2008年	2009年	2010年	2011年	2012年
美国	纺织	0.93	0.94	1.33	1.21	1.59	1.48	1.41	1.14	1.40	1.76	1.61	1.69
	服装	1.19	1.24	1.34	1.83	1.99	2.78	2.33	1.36	2.34	2.90	2.56	2.33
	石油	1.10	1.65	1.46	0.82	1.14	0.97	0.95	0.89	1.01	0.98	1.01	1.30
	金属	1.20	5.70	2.04	1.43	1.47	1.44	1.65	4.02	1.95	1.69	1.54	1.78
	化工	0.80	1.63	1.58	1.54	1.61	1.84	1.93	1.87	2.08	1.95	1.72	1.63
	电子	2.12	3.26	4.52	4.22	1.85	4.22	4.44	4.14	4.48	3.57	4.15	2.97
加拿大	纺织	0.76	0.94	1.20	1.15	1.38	1.41	1.41	1.27	1.47	1.92	1.60	1.93
	服装	1.58	1.88	2.01	2.39	2.62	2.97	2.96	4.03	3.90	4.99	4.45	4.72
	石油	0.89	0.82	0.85	0.90	1.10	0.84	1.02	0.88	1.02	1.00	1.02	0.99
	金属	0.68	2.96	1.06	0.86	0.88	0.95	1.08	1.32	1.31	1.11	0.99	0.87
	化工	0.63	0.89	0.99	0.89	0.95	0.98	1.06	2.39	1.03	1.03	0.96	1.08
	电子	2.70	4.35	3.59	3.26	2.36	3.54	5.36	5.26	5.09	3.31	4.31	3.31
澳大利亚	纺织	2.44	1.19	1.89	2.62	2.50	2.67	3.70	2.42	3.31	4.55	2.33	2.86
	服装	7.01	4.83	4.14	4.50	4.43	6.81	8.40	5.39	8.35	8.60	4.07	4.02
	石油	5.29	1.91	3.36	6.21	4.05	0.58	1.03	1.03	2.14	0.99	1.39	1.56
	金属	3.31	1.74	1.20	2.93	3.25	4.04	2.62	2.72	7.02	2.24	2.32	2.25
	化工	3.75	3.30	3.29	3.96	2.42	3.43	4.11	3.63	5.08	2.71	1.69	1.93
	电子	5.84	5.48	6.83	7.33	3.42	5.79	6.36	5.64	6.14	3.81	4.01	2.79
日本	纺织	1.42	1.86	2.13	2.33	2.98	2.64	2.64	2.33	2.92	3.48	3.11	3.44
	服装	3.39	5.35	3.74	4.14	5.71	6.26	6.28	4.90	8.47	8.60	8.80	9.34
	石油	0.87	1.29	1.24	1.05	1.20	0.67	0.88	1.18	1.11	1.20	1.22	1.12
	金属	0.98	1.60	1.48	1.29	1.34	1.49	1.46	1.82	1.62	1.33	1.64	0.88
	化工	1.17	2.23	2.17	2.30	2.27	2.51	2.60	2.53	2.86	2.89	2.62	3.06
	电子	2.11	3.26	4.01	4.32	2.91	3.54	3.65	3.73	4.12	2.78	3.27	2.65

资料来源：根据 BACI 数据库，作者计算整理。

在纺织和服装制造业，四个国家的出口质量都高于中国，其中澳大利亚和日本与中国在这两个行业出口质量的比值最大。澳大利亚盛产羊毛，日本因自然资源匮乏而注重精细化制作，两个国家在纺织和服装制造业的优势各异，但出口产品质量都远超世界平均水平。

在石油冶炼及炼焦和金属制品行业，四个国家的出口质量也是远胜于中国，其中澳大利亚在石油冶炼及炼焦行业与中国的比值最大。

在电子信息行业，四个国家与中国的比值在多数年份保持在 4 以上，这说明中国在技术密集型行业的出口质量与四个国家差距最大。

第 6 章

中间产品进口二元边际对制造业出口质量的影响：跨国检验

对进口中间产品的国际技术溢出效应的研究，起源于 20 世纪 80 年代。随着克鲁格曼（1987），罗默（1987，1990），格罗斯曼和赫尔普曼（1990）等人提出进口中间产品对一国乃至全球的经济增长存在显著促进作用，大量研究进口中间产品与全要素生产率的文献开始涌现。进入 21 世纪之后，在梅里兹（2003）开启的新新贸易理论的浪潮冲击下，一些学者更是深化到企业层面研究进口中间产品与企业生产率之间的关系。不难看出，以往学者的研究集中聚焦于进口中间产品对生产率的影响，却鲜有学者研究进口中间产品对出口质量的影响。而在国际贸易新形势下，出口质量问题日益成为一个关注度极高和击中要害的话题。因此，在完成了中间产品进口的二元边际特征描述和中国制造业出口质量测度和国际比较之后，本章将基于跨国数据对进口中间产品与制造业出口质量之间的相关关系进行实证检验。

6.1 引言及文献回顾

早在 20 世纪 80 年代，进口就被新贸易理论和内生经济增长理论视为国际技术溢出的重要渠道之一，众多学者认为进口可以促进经济增长和全要素生产率进步。最早研究进口中间产品的溢出影响的则是克鲁格曼(1979)，他认为相较于国内的中间产品，进口中间产品蕴含了国外先进技术，能够通过技术溢出效应产生更高的经济产出。瑞维·巴蒂斯（River - Batiz）和罗默（1991）研究发现进口中间产品可以通过替代效应和技术转移效应促进全球经济增长。格罗斯曼和赫尔普曼（1991）研究认为相较于国内中间产品，进口中间产品的质量更高，因此对国内经济增长和生产效率的促进作用更大。哈普恩等（Halpern et al.，2009）在以往学者的基础之上，将进口中间产品种类增长提升生产率的作用概括为质量和互补机制。

实证方面，众多学者基于各国宏观数据进行经验研究，结果发现进口中间产品对进口国家的全要素生产率具有显著的提升促进作用，技术溢出效应和竞争效应同时发挥着重要的作用。(Coe and Helpman，1995；Barro，1997；Eaton and Kortum，2001；Acharya and Keller，2009 等)。他们一致认为对于发展中国家而言，通过吸收消化进口中间产品包含的发达工业化及具有高新技术国家的研发投资成果，既可以提高最终产品的产量，得到直接的技术溢出效应；又可以通过刺激竞争意识，激励国内学习研发新产品，获取间接效应。

以往学者们的研究在探讨进口中间产品所带来的贸易福利时，大都聚焦在进口中间产品对经济增长和全要素生产率的影响上，鲜有学者探究过进口中间产品对一国最终产品质量的影响。在竞争日益白热化的国际市场上，生产出能获得国际消费者认可的高质量产品逐渐成为一国取得竞争优势和贸易成功的新标志。在生产过程中，作为生产最终产品的重要投入部分，中间产品的投入是影响最终产品质量的关键因素之一。那么，对于一国而言，进口中间产品的集约边际和扩展边际是否能够促进该国出口质量的提升？为了解答这一问题，我们将采用跨国数据针对进口中间产品对制造业出口质量的影响进行研究检验，以期得到有益的研究结论。

6.2　计量模型、数据及变量

6.2.1　核心变量的获取

为了考察中间产品进口的二元边际对制造业出口质量的影响，我们必须首先计算中间产品进口的二元边际和出口质量指数。考虑到数据的衔接和分析处理的便利，我们将实证分析定位于产业层面。产业标准按照国际标准工业分类法（ISIC）第四版，将制造业细分为23个子行业，同时选取了66个样本国家和地区①。

首先，我们基于产业层面计算各国进口中间产品的二元边际。贸易的二元边际在不同层面有不同的界定，本书将赫尔普曼（2008），艾默格等（2008），钱雪峰等（2010）的定义方法拓展至产业层面，中间产品进口的集约边际在产业层面即为老产品老市场，而进口的扩展边际则为新贸易关系的建立。具体计算步骤如下：第一，将进口的中间产品归并到各制造业细分行业；第二，基于“国家—产业”层面计算中间产品进口的二元边际。以1998年为基期，某一行业中贸易关系持续15年的中间产品进口贸易额即为该行业中间产品进口的集约边际，中间产品进口的扩展边际则通过行业总进口贸易额减去集约边际得到。第三，我们采用第五章使用的产业出口质量测度方法，以各国制造业产品出口的相对质量为基础，计算各国制造业细分行业的出口质量。

具体计算步骤如下：

首先，计算产品 i 的国际市场单位价值均值

① 选取66个样本国家作为研究考察对象，主要是基于进口中间产品和制造业出口贸易的流量，其余国家的样本数据不全或数值太小。

$$\overline{UV_i} = \frac{\sum_{c=1}^{N} V_{ic}}{\sum_{c=1}^{N} Q_{ic}} \tag{6-1}$$

其中，i 表示产品，$i \in [1, s]$；c 表示国家，$c \in [1, N]$；V_{ic}，Q_{ic}表示 c 国 i 产品的出口金额和出口数量。c 国出口产品的相对质量即：

$$\lambda_{ic} = UV_{ic}/\overline{UV_i} \tag{6-2}$$

其中，UV_{ic}为 c 国出口产品的单位价值，λ_{ic}即为 c 国出口产品的相对质量指数。

其次，我们采用式（6－3）计算 c 国制造业细分行业的出口相对质量：

$$Indus\_q_{jc} = \sum_{i} \frac{TV_{ijc}}{\sum_{i} TV_{ijc}} \lambda_{ijc} \tag{6-3}$$

其中，$Indus_q_{jc}$表示 c 国 j 行业的出口相对质量，用 c 国 j 行业中 i 种产品出口相对质量的加权平均计算得到，权数为每种产品在该行业总出口额中所占的份额。TV_{ij}表示 j 行业中第 i 种产品的出口总额，λ_{ij}表示 j 行业中第 i 种产品的相对质量。

表 6－1 报告了 66 个样本国家和地区出口质量和中间产品进口的二元边际描述性统计结果，表 6－1 中数值取均值，其中出口质量指数是从 1998～2012 年的均值，而中间产品进口的二元边际则是以 1998 年为基期，从 1999～2012 年的均值，单位为千美元。从表 6－1 中，我们可以得到：整体而言，相较于亚非拉等不发达国家（地区），发达国家和地区的出口质量指数普遍较高，例如，澳大利亚、日本、美国、英国、中国香港等，这似乎说明一国的行业出口质量的高低与该国的经济发展水平存在着一定的联系。而中国的出口质量指数在样本国家中则处于较低水平，甚至低于一些邻近的东南亚发展中国家，如马来西亚、泰国等，这主要是由于低质量产品在我国制造业出口产品中所占份额远远高于高质量产品而造成的。而对于中间产品进口的二元边际，大部分国家和地区进口的扩展边际大于集约边际，这说明各国在保持老的贸易伙伴关系的情况下，更倾向于拓展新的中间产品进口贸易关系以及种类。比较各国和地区中间产品的进口贸易额的大小，我们发现中间产品

进口集约边际最大的前五位国家是美国、中国、法国、意大利、英国；而进口扩展边际最大的前五位国家是德国、美国、中国、荷兰、英国。这些中间产品进口的集约边际和扩展边际排名前五的国家，都是出口质量指数较高的发达国家（除了中国），这似乎表明一个国家中间产品进口的二元边际与该国出口质量指数存在某种正相关关系，值得我们进一步探讨和发掘。

表6－1　样本国家（地区）及核心变量的描述性统计结果

国家（地区）	出口质量指数	进口集约边际	进口扩展边际	国家（地区）	出口质量指数	进口集约边际	进口扩展边际
澳大利亚	6.45	493569.9	649108.6	荷兰	3.40	752096.5	3384610
奥地利	4.43	576888.3	924345.5	新西兰	3.90	108018.7	145119.9
比利时	4.05	2555450	2065259	尼日利亚	4.66	34697.88	357990.3
玻利维亚	3.94	26753.84	35143.05	挪威	3.94	403877.3	391930.1
巴西	3.07	671946.1	903248.6	巴基斯坦	2.45	138922.6	294913.6
保加利亚	2.32	96154.78	139286.2	巴拉圭	2.26	36166.67	30807.38
白俄罗斯	2.07	169975.7	134270.5	秘鲁	3.09	129110.3	148267.3
加拿大	3.04	1780855	1088372	菲律宾	3.62	340093.3	404550.5
智利	4.74	43332.98	426337.8	波兰	1.87	888585.8	922733
中国*	1.65	4201237	5113403	葡萄牙	2.69	183273	626912.1
哥伦比亚	3.09	164146	259719.4	俄罗斯联邦	3.41	978856.2	753081
塞浦路斯	4.34	34563.61	51090.73	沙特阿拉伯	3.04	375770.2	679376.7
丹麦	3.73	518747.1	407881	塞内加尔	2.66	17920.48	34750.28
厄瓜多尔	3.31	50857.51	152384.8	印度	2.43	1387440	1733166
芬兰	3.42	227615.1	475530.1	新加坡	4.41	712555.5	1150438
法国	3.54	3220790	2792684	越南	2.72	19555.51	597087.2
德国	2.79	2115969	8286023	南非	3.89	300134.9	417768.1
希腊	2.97	284201.9	254517.4	西班牙	2.67	1429437	1784916
危地马拉	2.38	56881.83	107949.9	瑞典	3.93	229080.3	1274415
洪都拉斯	2.89	52465.75	57875.61	瑞士	6.06	649253.4	2064669
中国香港	3.44	1382734	2642855	泰国	2.43	422582.3	1520999

续表

国家（地区）	出口质量指数	进口集约边际	进口扩展边际	国家（地区）	出口质量指数	进口集约边际	进口扩展边际
匈牙利	2.59	448074.8	555789	特立尼达和多巴哥	3.27	18577.71	37141.94
冰岛	4.84	18244.5	37469.93	阿拉伯联合酋长国	2.48	459634.8	691780.5
印度尼西亚	2.72	771280.6	476654.2	突尼斯	2.98	127008.3	181184.5
爱尔兰	4.25	432356.9	422280.9	土耳其	1.93	1090546	964494.3
以色列	5.42	42182.02	395061.6	乌干达	3.89	14434.59	29636.97
意大利	2.76	2897841	1969364	乌克兰	2.46	188762.8	304407.8
牙买加	4.02	20114.64	40686.94	埃及	2.16	252847.4	402129.4
日本	4.67	2703983	1939056	英国	3.52	2792022	2956205
马达加斯加	5.12	9021.68	29334.4	美国	3.37	5254683	7242215
马来西亚	2.47	769000.2	70071.2	乌拉圭	3.39	35728.97	53781.23
墨西哥	2.31	843350.8	1818227	委内瑞拉	2.97	120466.3	224238
摩洛哥	2.90	147723.8	281229.4	赞比亚	4.69	23795.51	32978.42

注：* 数据不含港澳台地区。
资料来源：根据 BACI 数据库，作者计算整理。

表 6 -2 报告了产业层面各国制造业出口质量均值和中间产品进口二元边际的均值。观测表 6 -2 中结果，我们可以看到：出口质量指数均值较高的行业主要有电子设备制造业、机械设备制造业和电力设备制造业、汽车制造业等各国产品质量差异显著的行业。对于中间产品进口的二元边际，其中进口集约边际较大的行业主要有化学品制造业、基本金属制造业、汽车制造业、橡胶制造业、造纸制造业等，而进口的扩展边际较大的行业主要有化学品制造业、基本金属制造业、电子设备制造业、汽车制造业等。出口质量指数均值较高的行业和中间产品进口二元边际均值较高的行业存在一定的重合，这在某种程度上似乎表明产品质量差异显著的行业的中间产品进口的二元边际也较高，进一步暗示了行业出口质量和中间产品进口的二元边际存在着一定的关联性。

表6-2　　产业层面的出口质量指数和中间产品进口二元边际描述性统计结果

产业	出口质量指数	进口集约边际	进口扩展边际
食品制造业	1.79	76855	725262.5
饮料制造业	2.23	25319.99	16523.58
烟草制造业	2.19	74488.81	49669.54
纺织制造业	2.61	446468.8	765198.7
服装制造业	3.22	1859.36	1394.19
皮革制造业	3.15	72325.06	131576
木制品制造业	2.79	360966.9	317810.5
造纸制造业	1.97	624923.3	892438.3
印刷与出版物	3.65	4246.32	6504.01
焦炭和石油制品	2.11	314873.3	35431.3
化学品制造业	2.85	4163063	5136450
药品药材制造业	3.58	299927.8	761215.1
橡胶制品	2.45	1149295	1065475
非金属制品	3.43	477859.3	439552.5
基本金属制造业	2.24	2889632	3297074
金属制品（机械、设备除外）	3.34	486808.5	885441.8
电子设备制造业	5.46	569130.7	2465103
电力设备制造业	4.97	428467.9	576933.1
机械和设备的制造	5.12	481487.1	911709.3
汽车制造业	3.75	1154975	1256295
其他运输设备	4.19	517184.8	596653.4
其他制造业	5.66	52821.11	401558.6

资料来源：根据BACI数据库，作者计算整理。

为了进一步观测中间产品进口的二元边际与制造业出口质量之间的相关关系，我们随机选取一些行业2012年的数据，绘制散点图。图6-1～图6-3分别是ISIC编码为10（食品制造业），14（服装制造业），27（电力设备制造业）的中间产品进口的二元边际与行业出口质量指数的关系散点。

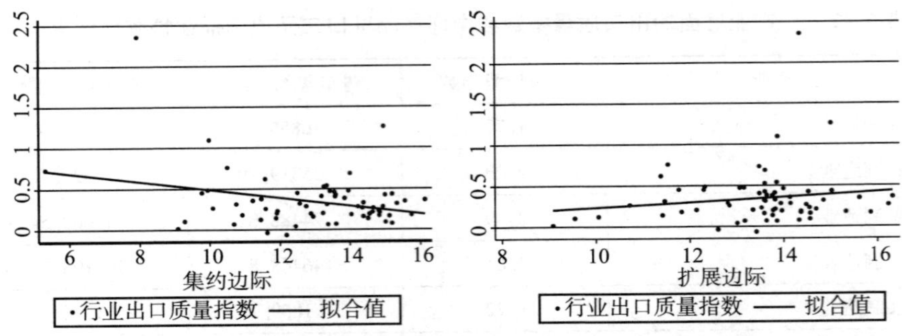

图6－1　食品制造业中间产品进口的二元边际与出口质量

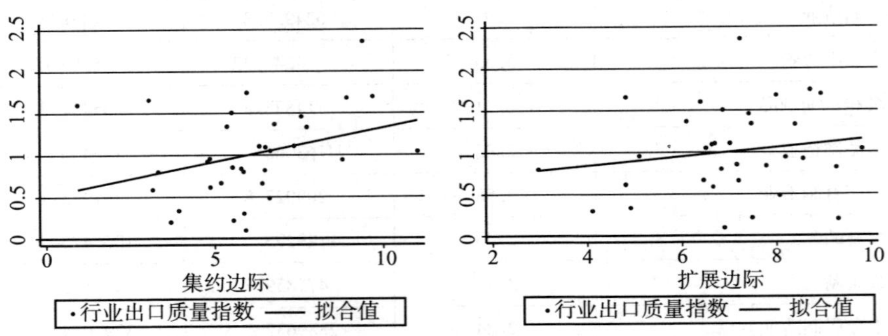

图6－2　服装制造业中间产品进口的二元边际与出口质量

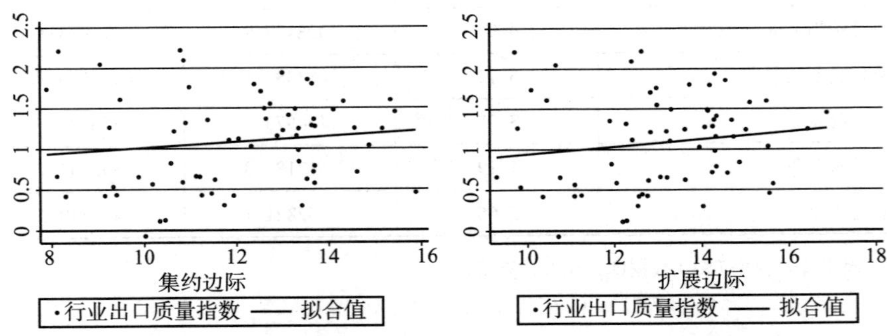

图6－3　电力设备制造业中间产品进口的二元边际与出口质量

从图6－1关系散点中，我们可以看出食品制造业的中间产品进口的集约边际与出口质量似乎存在负相关关系，而中间产品进口的扩展边际与出口质量呈正相关关系，这是否意味着食品制造业中间产品进口的集约边际会降低该行业的出口质量水平，而扩展边际则会促进行业出口质量的提升呢？从图 6－2 中，我们可以看出，服装制造业的中间产品进口二元边际与出口质量都呈正相关关系；而图 6－3 也显示出电力设备制造业的中间产品进口的二元边际与出口质量存在正相关关系，但拟合曲线都较为平缓，相关关系的显著性并不突出。这又是否暗示服装制造业和电力设备制造业的中间产品进口的二元边际会促进这两个行业的出口质量的提高呢？以上关系散点图是基于 2012 年的截面数据绘制的，并没有涵盖时间效应的影响。为了进一步揭示行业层面的中间产品进口二元边际与行业出口质量之间的相关关系，并解答以上针对图 6－1 提出的疑问，我们认为非常有必要运用相关数据进行深入详尽的实证分析。

6.2.2　其他变量的获取

如果只考察中间产品进口的二元边际对一国行业出口质量的影响，虽然有助于辨析进口中间产品对出口质量的净影响，但却会遗漏其他重要解释变量，如人均收入水平、研发投入、人力资本水平、外国直接投资等影响一国出口质量的重要因素，容易造成估计结果的偏误和不稳健。为了避免以上问题，我们将人均收入、研发投入、外资流入、人力资本水平等作为解释变量纳入固定效应模型中，各变量指标的选取和经济学意义说明如下：

（1）人均收入。用一个国家（地区）的人均 GDP 来表示，记为 *Inc*。林德（1961）提出的相似需求理论认为，由于具备生产高质量产品的资本要素比较优势，高收入国家比低收入国家出口和消费更多高质量产品。弗洛姆和赫尔普曼（1987），默菲和施莱弗（1997）也指出人力资本存量和收入水平较高的国家在生产高质量产品方面存在比较优势。因此，我们认为，整体上，一国的人均收入与该国行业出口质量可能呈正相关关系，预期人均收入的估计系数为正。

（2）研发投入。用一个国家或地区的研发支出与 GDP 的比值来表示，记为 *RD*。西克特和舒顿（1983）提出高质量产品的构思、设计和生产需要生产者进行一系列的研发创新投入。施炳展、王有鑫和李坤望（2013）认为研发投入可以通过在新产品、新工艺和新设计上创新提升产品质量，另外还可以通过增强国际技术溢出效应来促进产品质量的提高。因此，我们预期研发投入的估计系数也为正。

（3）外资流入。用一个国家或地区的外国直接投资与 GDP 的比值来表示，记为 *FDI*。李坤望和王有鑫（2013）采用中国产品层面的贸易数据 FDI 技术溢出影响产品质量的微观机制进行实证检验。研究表明，FDI 稳健地提高了出口产品质量，技术溢出效应显著。因此，我们预期外资流入的估计系数也同样显著为正。

（4）人力资本。用一个国家或地区接受过中学教育的劳动力占全部劳动力总量的比例来表示，记为 *Human*。人力资本同样也是影响一国出口产品质量的重要因素，克雷默（1993）认为工人的品质与生产产品的质量呈正相关关系。伍霍根（2008）研究发现为了生产出高质量产品，生产企业必须投入高质量、高工资水平的劳动力，由此造成了企业内工资差距。另外，人力资本水平高低会影响到对外资流入以及进口中间产品的技术溢出效应的吸收消化利用。

6.2.3 计量模型的构建及数据来源

在获取了核心变量和其他解释变量之后，本书通过建立以下计量模型考察中间产品进口的二元边际对制造业出口质量的影响：

$$P_{jit} = \beta_0 + \beta_1 \ln IM_{jit} + \beta_2 \ln EM_{jit} + \beta_3 \ln Inc_{jt} + \beta_4 RD_{jt} + \beta_5 FDI_{jt} + \beta_6 Human_{jt} + \upsilon_{jit} \tag{6-4}$$

其中，下标 j，i，t 分别表示国家、产业和年份。β_0 是常数项；β_1，β_2，β_3，β_4，β_5，β_6 表示各个解释变量的回归估计系数。被解释变量 P 表示行业出口质量；核心解释变量 *IM*，*EM* 分别表示中间产品进口的集约边际和扩展边际，考虑到二元边际代表的贸易额数值较大，与国家人均收入 *Inc* 一起都取对数形式，其他解释变量上文已经详细说明，在此不再赘述；υ_{jit} 则表示包含国家、产业和时间影响的随机误差项。

如前所述，跨国检验中间产品进口的二元边际对制造业出口质量的影响，选取的样本是全球进出口贸易额较大的 66 个国家。其中，各国制造业细分行业出口质量和中间产品进口二元边际的计算都来源于 CEPII 的 BACI 数据库，时间跨度为 1998 ~2012 年。各国人均收入、研发投入、外资流入以及人力资本变量数据都来源于世界银行指标数据库。为了使数据具备可比性，国家人均收入均转换为 2005 年不变美元计价的真实水平。另外，涉及国家官方语言、殖民历史、所属大洲等地理信息特征主要来源于 CEPII 的 GEO 数据库。这些数据集都是通过 ISO 三位数国别（地区）代码进行联结。

表 6 –3 报告了各变量的描述性统计结果。从表 6 –3 中，我们可以看到，剔除了异常值后的行业出口质量的均值为 3. 35，最大值为 10. 56。涉及价格数据的变量的单位均为千美元，其中对数化的中间产品进口集约边际的均值为 11. 06 千美元，小于扩展边际的均值 11. 72 千美元；而对数化的国家人均收入的均值为 8. 92 千美元。研发投入、外资流入和人力资本均为百分比值，其中研发投入的均值为 1. 25%，外资流入占比的均值为 4. 41%，表示人力资本接受了中等教育的劳动力占比的均值为 41. 15%。由于各国统计存在偏差，各变量的样本数量不一，研发投入和人力资本的样本量存在一些年份的缺失，但总量也超过了 10000 个，因此我们仍可以得到稳健的估计结果。

表 6 –3　　主要变量的描述性统计结果

变量	均值	标准差	最小值	最大值	样本量
P	3. 35	2. 61	0. 89	10. 56	19805
ln*IM*	11. 06	2. 77	0. 13	18. 13	19805
ln*EM*	11. 72	2. 44	0	18. 62	19799
ln*Inc*	8. 92	1. 49	5. 45	11. 51	19805
RD（%）	1. 25	1. 02	0. 01	4. 83	13210
FDI（%）	4. 41	5. 80	–16. 41	51. 89	19695
Human（%）	41. 15	14. 69	6. 4	74. 2	11411

为了尽量减轻变量之间的多重共线性对实证分析结果造成实质性影响，我们在表 6－4 中给出了各变量之间的相关性矩阵。从表 6－4 中，我们可以看到，ln*IM* 与 ln*EM*，*RD* 与 ln*Inc* 的相关性系数大于 0. 6 以外，大部分变量之间并不存在严重的共线性问题，而且我们在后续的检验中发现在剔除相关性较高的变量之后的回归中，我们发现其他解释变量的系数大小和显著性基本没有变化（在此不再一一列出）。因此，我们不必担心回归中的多重共线性问题。

表 6－4　　变量的相关系数矩阵

	ln*IM*	ln*EM*	ln*Inc*	*RD*	*FDI*	*Human*
ln*IM*	1					
ln*EM*	0. 8341	1				
ln*Inc*	0. 2014	0. 2252	1			
RD	0. 1088	0. 1774	0. 6587	1		
FDI	－0. 0194	－0. 0193	0. 1498	－0. 0133	1	
Human	0. 0301	0. 023	0. 1849	0. 2096	0. 118	1

6. 3　计量结果分析

6. 3. 1　基准模型回归结果

针对跨国面板数据，通过对式（6－4）采用最小二乘法进行回归，我们得到了基准模型的回归结果。表 6－5 报告了基准模型的回归结果。表中列（1）、列（2）单单考察中间产品进口的集约边际和扩展边际对行业出口质量的影响，其中列（2）控制了年份固定效应。列（1）中集约边际的系数值为负，扩展边际的系数值为正，且都在 1% 的显著水平通过检验。在列（2）控制了时间固定效应后，集约边际和扩展边际的系数值保持了正负方向和显著性不变。这两列回归结果表明，在未考虑其他影响因素的情况下，中间产品进口的集约边际与行业出口质量呈负相关关系，而扩展边际与行业出口质量呈正相关关系。这说明，一国的行业内中间产品进口的单纯量的增长并未能显著促进行业出口质量的提升，反而会降低在国际市场上的行业出口的相对质量；而中间产品进口的扩展边际的增长，意味着新的中间产品进口来源地的拓展，新产品种类的进口，都会促进行业出口质量的显著提升。

列（3）、列（4）是考虑了其他影响一国出口质量的重要因素，诸如一国人均收入、研发投入、外资流入以及人力资本等之后的回归结果，其中列（4）控制了时间固定效应。与列（1）和列（2）相比，列（3）和列（4）中中间产品进口的集约边际和扩展边际的系数值显著性和方向均未发生改变，而系数具体数值则变小。人均收入、研发投入和外资流入在两列中的系数值都显著为正，但人力资本的系数值并不显著。列（3）和列（4）的回归结果表明，在考虑了其他重要影响因素之后，中间产品进口的集约边际仍保持显著为负，扩展边际保持显著为正，中间产品进口的集约边际和扩展边际与行业出口的相对质量的相关关系并未改变。人均收入、研发投入、外资流入的系数值都显著为正，验证了我们的预期，说明人均收入、研发投入、外资流入与一国行业出口的相对质量呈显著正相关关系，即一国人均收入、研发投入比例和外资流入比例的增长会显著提升一国行业出口的相对质量。其主要原因可能在于，一国人均收入的增长，所带来的资本存量的提高会为生产高质量产品提供资本优势，这也与弗洛姆和赫尔普曼（1987），墨菲和施莱弗（1997）的研究结论一致。研发投入占一国 GDP 的比例提高，意味着一国为开发新产品、新设计进行了大量创新活动投入，必然会显著促进出口相对质量的提升。外资流入所带来的技术溢出效应，也会促进行业出口相对质量的提升。而人力资本的系数值并不显著，可能是因为人力资本无法直接提升行业出口相对质量，因此与行业出口相对质量的相关关系并不明晰，在随后的实证分析中，我们将进一步检验人力资本的作用。

表 6-5　　　　基准模型回归结果

	被解释变量：P			
	(1)	(2)	(3)	(4)
ln*IM*	-0.214*** (-18.09)	-0.208*** (-17.61)	-0.186*** (-10.98)	-0.174*** (-10.29)
ln*EM*	0.155*** (11.54)	0.152*** (11.23)	0.074*** (3.91)	0.061*** (3.15)
ln*Inc*			0.269*** (8.21)	0.289*** (8.57)
RD_share			0.312*** (9.27)	0.294*** (8.66)
FDI_share			0.011*** (2.99)	0.013*** (3.75)
Human			-0.002 (-0.95)	-0.003 (-1.59)
Year FE		Yes		Yes
_cons	3.895*** (43.18)	3.782*** (33.81)	1.601** (5.37)	1.305 (4.02)
R^2	0.018	0.045	0.067	0.089
N	19799	19799	8675	8675

注：*、**、*** 分别表示 10%、5%、1% 的显著水平。回归系数下方括号内数值为对应估计的 $t(z)$ 统计量。

6.3.2　进口中间产品的技术溢出效应的验证

为了验证中间产品进口的技术溢出效应，我们在计量模型（6-4）中依次分别加入中间产品进口的集约边际、扩展边际与研发投入和人力资本的交叉项。表 6-6 报告了加入交叉项的回归结果。列（1）~列（3）分别依次加入中间产品进口的集约边际与研发投入的交叉项、扩展边际与研发投入的交叉项。列（1）中各变量的回归系数显示，中间产品进口的集约边际的系数显著为负，扩展边际的系数显著为正，人均收入和外资流入的系数也显著为正。集约边际与研发投入的交叉项系数显著为正，但研发投入的系数并不显著。在加入交叉项后，研发投入系数反映了研发投入的创新效应，而交叉项则体现了技术溢出效应。技术溢出效应为正，创新效应为负，这意味着中间产品进口的集约边际通过与研发投入进行结合，促进了行业出口的相对质量的提升，而研发投入本身的创新效应无法直接提升行业出口相对质量。列（2）回归结果显示，在加入了中间产品进口的扩展边际与研发投入的交叉项之后，大部分变量的回归系数的显著性与方向和列（1）中基本相似，扩展边际与研发投入的交叉项系数显著为正，这说明扩展边际也可以与研发投入相结合，发挥技术溢出效应促进行业出口相对质量的提升。列（3）则是在同时加入了集约边际、扩展边际与研发投入的交叉项的回归结果。回归系数显示，集约边际与研发投入的交叉项系数显著为正，集约边际系数显著为负，这说明中间产品进口的集约边际提升行业出口相对质量的技术溢出效应，需要配合国内研发投入活动中得以发挥体现，集约边际本身对行业出口质量并不存在显著促进作用。扩展边际与研发投入的交叉项系数并不显著，但是扩展边际的系数显著为正，这说明相较于集约边际，扩展边际本身就能通过新产品的技术溢出效应促进一国行业出口相对质量的提升。

列（4）~列（6）分别依次加入中间产品进口的集约边际与人力资本的交叉项、扩展边际与人力资本的交叉项。观测列（4）中各变量的回归系数，我们发现中间产品进口的集约边际的系数仍显著为负，扩展边际的系数保持显著为正，人均收入、研发投入和外资流入的系数显著为正。人力资本的系数显著为负，但集约边际与人力资本的交叉项系数显著为正，这意味着人力资本无法直接促进行业出口的相对质量的提升，但可通过与进口中间产品的技术溢出效应结合间接促进行业出口相对质量。列（5）在加入了中间产品进口的扩展边际与人力资本的交叉项之后，人均收入、研发投入和外资流入等变量的回归系数的显著性与方向与列（4）中基本保持一致。而扩展边际系数并不显著，人力资本系数显著为负，扩展边际与人力资本的交叉项系数显著为正，这说明在由新的贸易关系带来的技术溢出效应，也需要与人力资本相结合，才能促进行业出口相对质量的提升。与列（3）一样，列

(6) 则是在同时加入了集约边际、扩展边际与人力资本的交叉项的回归结果。回归系数显示，集约边际和扩展边际与人力资本的交叉项系数都显著为正，这进一步说明了人力资本要素在进口中间产品的二元边际的技术溢出效应发挥过程中的重要作用。

列 (7) 则是同时加入了集约边际和扩展边际与研发投入、人力资本的交叉项的回归结果。通过研发投入和人力资本两个方面，综合考察中间产品进口的二元边际对行业出口的相对质量的技术溢出效应，各交叉项的回归系数与前面列 (3) 和列 (6) 的结果基本保持一致，进一步验证了进口中间产品对行业出口相对质量存在着技术溢出效应，回归结果较为稳健。

表 6－6　　进口中间产品的技术溢出效应的检验

	被解释变量：*P*						
	(1)	(2)	(3)	(4)	(5)	(6)	(7)
ln*IM*	－0.230*** (－10.21)	－0.170*** (－9.97)	－0.257*** (－8.42)	－0.283*** (－8.12)	－0.176*** (－10.36)	－0.247*** (－4.38)	－0.288*** (－5.00)
ln*EM*	0.067*** (3.47)	0.025 (0.96)	0.106** (3.00)	0.064*** (3.31)	－0.051 (－1.34)	0.015 (0.25)	0.038 (0.60)
ln*Inc*	0.285*** (8.45)	0.294*** (8.69)	0.279*** (8.17)	0.301*** (8.87)	0.301*** (8.88)	0.302*** (8.90)	0.289*** (8.43)
RD	－0.076 (－0.73)	0.037 (0.28)	0.030 (0.23)	0.280*** (8.17)	0.275*** (7.97)	0.276*** (8.01)	0.085 (0.63)
FDI	0.014*** (3.91)	0.014*** (3.86)	0.014*** (3.86)	0.013*** (3.76)	0.013*** (3.75)	0.013*** (3.76)	0.014*** (3.83)
Human	－0.003* (－2.02)	－0.003 (－1.90)	－0.003 (－1.85)	－0.031*** (－3.83)	－0.035*** (－3.64)	－0.035*** (－3.67)	－0.033*** (－3.42)
ln*IM*×*RD*	0.034*** (3.74)		0.048*** (3.42)				0.047** (3.20)
ln*EM*×*RD*		0.021* (2.00)	－0.022 (－1.30)				－0.026 (－1.52)
ln*IM*×*Human*				0.002*** (3.57)		0.002* (2.33)	0.0007* (2.57)

续表

	被解释变量：P						
	(1)	(2)	(3)	(4)	(5)	(6)	(7)
$\ln EM \times Human$					0.002*** (3.41)	0.001* (2.81)	0.002* (2.23)
Year FE	Yes	Yes	Yes	Yes	Yes	Yes	Yes
_cons	1.887*** (5.24)	1.653*** (4.49)	1.776*** (4.80)	2.428*** (5.37)	2.600*** (5.20)	2.600*** (5.20)	2.879*** (5.63)
R^2	0.091	0.089	0.091	0.091	0.091	0.091	0.092
N	8675	8675	8675	8675	8675	8675	8675

注：*、**、*** 分别表示 10%，5%，1% 的显著水平。回归系数下方括号内数值为对应估计的 $t(z)$ 统计量。

6.4　稳健性检验

6.4.1　工具变量回归

在探讨中间产品进口的二元边际与行业出口质量之间的相关关系时，还需要注意到行业出口质量可能会对中间产品进口产生反向作用，即行业出口质量的提升往往需要在量和种类上进口更多中间产品。因此，中间产品进口的二元边际与行业出口质量之间可能存在一定程度的双向因果关系。而这种双向因果关系的存在，可能会导致计量模型的估计结果出现偏误和不一致。

伍德里奇（Wooldridge，2010）认为使用工具变量（Instrument Variables）可以减轻内生性问题，并提出工具变量的选取需要满足两个条件：一是工具变量与干扰项不相关，二是工具变量与内生变量高度相关。在这里，我们采用在时间序列模型和面板模型中应用较为常用的滞后期工具变量策略。表 6 -7 和表 6 -8 分别回报了滞后一期的中间产品进口的集约边际和扩展边际与当期的回归结果。通过观测表 6 -7 和表 6 -8 中的系数，我们可以得到，中间产品进口的集约边际和扩展边际的滞后一期值与当期值紧密正相关关系。表6-9和表6-10则分别汇报了滞后一期的中间产品进口的集约边际和扩展边际与行业出口质量的回归结果。表6-9和表6-10的回归系数显示，中间产品进口的集约边际和扩展边际各自的滞后一期都与行业出口质量呈显著负相关关系。综合以上回归结果，我们可以得出，滞后一期的中间产品进口集约边际和扩展边际是非常有效的工具变量。

表6-7　　滞后一期的中间产品进口集约边际与当期的相关性

	被解释变量：ln*IM*
	(1)
lag*IM*	0.324*** (48.75)
Year FE	Yes
_cons	6.963*** (67.91)
R^2	0.124
N	19804

注：*、**、*** 分别表示10%，5%，1%的显著水平。回归系数下方括号内数值为对应估计的$t(z)$统计量。

表6-8　　中间产品进口扩展边际滞后一期与当期相关性

	被解释变量：ln*EM*
	(1)
lag*EM*	0.308*** (46.70)
Year FE	Yes
_cons	7.831*** (78.75)
R^2	0.138
N	19792

注：*、**、*** 分别表示10%，5%，1%的显著水平。回归系数下方括号内数值为对应估计的$t(z)$统计量。

表 6－9　　中间产品进口的集约边际的滞后一期与制造业出口质量

	被解释变量：*P*
	(1)
lag*IM*	−0.0373 *** (−5.67)
Year FE	Yes
_cons	3.751 *** (36.98)
R^2	0.029
N	19804

注：*、**、*** 分别表示 10%，5%，1% 的显著水平。回归系数下方括号内数值为对应估计的 $t(z)$ 统计量。

表 6－10　　中间产品进口的扩展边际的滞后一期与制造业出口质量

	被解释变量：*P*
	(1)
lag*EM*	−0.019 ** (−2.64)
Year FE	Yes
_cons	3.571 *** (31.64)
R^2	0.028
N	19798

注：*、**、*** 分别表示 10%，5%，1% 的显著水平。回归系数下方括号内数值为对应估计的 $t(z)$ 统计量。

表 6－11 报告了采用工具变量策略的中间产品进口二元边际与制造业出口质量的两阶段最小二乘法（2SLS）的回归结果。列（1）和列（2）分别采用集约边际的滞后一期和扩展边际的滞后一期作为工具变量，两列的回归系数显示，在采用工具变量策略回归后，中间产品进口的集约边际的系数仍显著为负，中间产品进口的扩展边际系数仍显著为正，人均收入、研发投

入、外资流入等变量的系数在两列中也保持显著为正。列（3）和列（4）则是同时将滞后一期的集约边际和扩展边际作为相应当期的工具变量后的回归结果。在列（3）中未包括人均收入、研发投入等变量，中间产品进口的集约边际仍显著为负，扩展边际系数仍保持显著为正。在列（4）中人均收入、研发投入、外资流入等变量的系数保持显著为正，人力资本系数显著为负。中间产品进口的集约边际和扩展边际的系数并不显著，这可能是在同时采用滞后一期的集约边际和扩展边际作为工具变量时，其他如人均收入、研发投入外资流入等影响因素对行业出口质量的影响弱化了中间产品进口的集约边际和扩展边际对行业出口质量的影响。

采用工具变量策略后的回归结果与基准模型的回归结果基本保持一致，这进一步验证了上文实证结论的稳健性，即中间产品进口的集约边际与行业出口质量呈显著负相关，而扩展边际则与行业出口质量呈显著正相关，人均收入、研发投入、外资流入也与行业出口质量呈显著正相关关系，而人力资本要素与行业出口质量之间的相关关系并不显著。

表6-11　中间产品进口二元边际与制造业出口质量：工具变量回归

	被解释变量：P			
	（1）IV：lag*IM*	（2）IV：lag*EM*	（3）IV：lag*IM*，lag*EM*	（4）IV：lag*IM*，lag*EM*
ln*IM*	-0.648*** (-4.56)	-0.365** (2.65)	-0.301*** (-5.89)	-0.117 (-1.26)
ln*EM*	0.510*** (3.77)	0.679*** (3.61)	0.246*** (4.04)	-0.197 (-1.79)
ln*Inc*	0.394*** (8.39)	0.255*** (6.78)		0.351*** (8.43)
RD	0.166** (3.20)	0.480*** (8.06)		0.345*** (7.77)
FDI	0.0112** (2.92)	0.0123** (3.13)		0.0104** (2.73)

续表

	被解释变量：P			
	（1）IV：lagIM	（2）IV：lagEM	（3）IV：lagIM，lagEM	（4）IV：lagIM，lagEM
Human	-0.00117 (-0.60)	-0.00555 ** (-2.69)		-0.00373 * (-1.98)
Year FE	Yes	Yes	Yes	Yes
_cons	0.336 (0.76)	4.443 *** (5.12)	3.701 *** (12.34)	3.230 *** (5.31)
N	8675	8674	19792	8674

注：*、**、*** 分别表示 10%，5%，1% 的显著水平。回归系数下方括号内数值为对应估计的 $t(z)$ 统计量。

表 6-12 报告了采用工具变量策略的中间产品进口的二元边际影响行业出口质量的两阶段最小二乘法（2SLS）回归结果。列（1）和列（3）则是分别加入了中间产品进口的集约边际和扩展边际与研发投入、人力资本的交叉项后的面板回归结果，列（2）~列（4）则是分别加入滞后一期中间产品进口的集约边际与扩展边际作为工具变量的回归结果。列（5）则同时加入滞后一期的中间产品进口的集约边际与扩展边际作为工具变量的回归结果。与列（1）的回归系数相比较，列（2）中各变量的显著性和方向保持基本一致，而系数值有所变大。其中，中间产品进口的集约边际与研发投入和人力资本的交叉项的系数仍显著为正，系数值变大，表明我们以前提出的中间产品进口的集约边际影响行业出口质量的机制成立，而且在采用工具变量策略减轻内生性问题后，中间产品进口的集约边际促进行业出口质量提升的技术溢出效应表现更大。相较于列（3）的回归系数，列（4）的回归系数的显著性和方向也基本保持了一致，数值更大，进一步验证了中间产品进口的扩展边际促进行业出口质量提高的机制。列（5）的回归结果也与之前的回归结果保持了一致，这里不再一一赘述。

表 6-12　　中间产品进口的二元边际影响制造业出口质量机制检验：工具变量回归

	被解释变量：P				
	（1）面板回归	（2）IV：lag*IM*	（3）面板回归	（4）IV：lag*EM*	（5）IV：lag*IM*，lag*EM*
ln*IM*	-0.314*** (-8.68)	-1.091** (-3.09)	-0.173*** (-10.10)	0.004 (0.03)	0.656 (0.86)
ln*EM*	0.069*** (3.56)	0.254* (2.20)	0.067* (2.68)	0.613*** (3.49)	0.209** (2.66)
ln*Inc*	0.295*** (8.71)	0.410*** (7.29)	0.304*** (8.94)	0.588*** (6.33)	0.590*** (6.03)
RD	-0.037 (-0.35)	-0.781* (-2.29)	0.097 (0.72)	-2.572** (-3.24)	-2.394** (-3.20)
FDI	0.014*** (3.90)	0.013*** (3.31)	0.014*** (3.82)	0.0145** (3.22)	0.013** (3.02)
Human	-0.027*** (-3.34)	-0.249*** (-3.31)	-0.033*** (-3.38)	-0.569*** (-3.69)	-0.570*** (-3.59)
IM × *RD*	0.029** (3.17)	0.095*** (3.42)			0.004 (0.09)
IM × *Human*	0.002** (2.96)	0.021** (3.26)			-0.017 (-1.15)
EM × *RD*			0.015 (1.36)	0.218*** (3.56)	0.196* (2.56)
EM × *Human*			0.002** (3.08)	0.046*** (3.67)	0.062** (2.74)
Year FE	Yes	Yes	Yes	Yes	Yes
_cons	2.753*** (5.94)	14.67*** (3.95)	2.738*** (5.37)	29.51*** (3.81)	29.27*** (3.74)
N	8675	8674	8675	8674	8674

注：*、**、*** 分别表示 10%，5%，1% 的显著水平。回归系数下方括号内数值为对应估计的 $t(z)$ 统计量。

6.4.2　分样本检验

工具变量策略减轻了内生性问题，验证了实证结论的稳健性。以上实证分析都是基于全样本的计量分析和检验，那么将全样本划分为不同分样本，是否会对中间产品进口二元边际与行业出口质量之间的相关关系产生不一样的差异化影响？我们将在本节展开基于不同分样本的稳健性检验。

1. 调整样本期

我们将样本期划分为1999～2005年和2006～2012年两个时期，进行面板回归的同时，以滞后一期的中间产品进口集约边际和扩展边际作为工具变量进行工具变量回归。表6－13报告了划分了不同样本期后的稳健性检验结果。观测表6－13中各变量的回归系数，我们发现，整体而言主要的实证结论与之前的分析基本一致，大部分变量的系数在2006～2012样本期内更大更显著，其中中间产品进口的集约边际、扩展边际、人均收入和外资流入的系数值远高于1999～2005年，这说明随着全球经济的发展，中间产品进口的扩展边际对制造业出口质量的扩展边际和对制造业出口质量的促进提升作用在逐渐增强，而集约边际对制造业出口质量的消极作用也在增强，同时人均收入、外资流入的促进提升作用也在增强。中间产品进口的二元边际与研发投入和人力资本的交叉项在两个样本期内都保持显著为正，这验证了进口中间产品的技术溢出效应的稳健性。研发投入的系数在后一个样本期变小但保持显著为正，这说明研发投入对制造业出口质量的促进提升作用也是不容低估的。人力资本的系数在两个样本期内仍保持为负，但并不稳健。

表6－13　　中间产品进口二元边际与制造业出口质量：不同样本期的稳健性检验

	被解释变量：P							
样本期	1999～2005年				2006～2012年			
	(1) 面板回归	(2) IV估计	(3) IV估计	(4) IV估计	(5) 面板回归	(6) IV估计	(7) IV估计	(8) IV估计
ln*IM*	－0.120*** (－5.41)	－0.0560 (－0.43)	－1.959*** (－3.39)	0.511* (2.16)	－0.255*** (－9.70)	－0.204 (－1.48)	－1.643* (－2.01)	0.221 (0.90)
ln*EM*	－0.0145 (－0.58)	－0.324* (－2.05)	0.404** (2.79)	－3.953** (－2.83)	0.170*** (5.69)	－0.0421 (－0.27)	0.483* (2.51)	－2.409 (－1.85)

续表

	被解释变量：P							
样本期	1999~2005年				2006~2012年			
	(1) 面板回归	(2) IV估计	(3) IV估计	(4) IV估计	(5) 面板回归	(6) IV估计	(7) IV估计	(8) IV估计
ln*Inc*	0.139** (3.21)	0.233*** (4.10)	0.354*** (4.17)	0.509*** (3.53)	0.522*** (9.70)	0.556*** (8.74)	0.651*** (6.49)	0.645*** (7.33)
RD	0.343*** (7.66)	0.396*** (6.12)	-1.542** (-2.67)	-3.818* (-2.51)	0.201*** (3.88)	0.251*** (3.93)	-1.151 (-1.69)	-2.348 (-1.83)
FDI	0.00738 (1.10)	0.00211 (0.27)	-0.000313 (-0.04)	0.0176 (1.68)	0.0161*** (3.65)	0.0136** (2.95)	0.0197*** (3.89)	0.0177*** (3.36)
Human	0.000901 (0.39)	-0.00177 (-0.65)	-0.312** (-3.24)	-0.730** (-2.87)	-0.00871** (-3.05)	-0.00779** (-2.67)	-0.260 (-1.72)	-0.497* (-2.03)
IM×*RD*			0.148** (3.28)				0.108* (2.04)	
IM×*Human*			0.0277** (3.24)				0.0213 (1.66)	
EM×*RD*				0.334** (2.72)				0.199* (1.98)
EM×*Human*				0.0606** (2.87)				0.0390* (1.99)
Year FE	Yes	Yes	Yes	Yes	Yes	Yes	Yes	Yes
_cons	2.821*** (7.02)	5.099*** (6.20)	16.84*** (3.94)	40.09** (3.05)	-1.173* (-2.31)	0.388 (0.44)	10.02 (1.54)	23.96 (1.89)
N	4682	4682	4682	4682	3993	3992	3993	3992

注：*、**、*** 分别表示10%，5%，1%的显著水平。回归系数下方括号内数值为对应估计的 $t(z)$ 统计量。

2. 不同收入水平

为了检验不同收入水平差异对主要实证结果的影响，我们参考世界银行的收入水平分类，将66个样本国家（地区）划分为高收入国家（地区）和低收入国家（地区）。其中，高收入国家（地区）包括高收入OECD国家

（地区）、高收入非 OECD 国家（地区）、中高收入国家（地区）；低收入国家（地区）包括中低收入国家和低收入国家（地区）①。表 6－14 报告了按收入水平划分的分样本稳健性检验结果。观察表 6－14 中各变量系数，我们发现：整体而言，高收入国家（地区）样本的各变量系数值的大小和显著性远甚于低收入国家（地区）样本。相较于高收入国家（地区），低收入国家（地区）样本的中间产品进口集约边际和扩展边际的显著性较弱且不稳健，这说明中间产品进口集约边际和扩展边际对制造业出口质量的消极影响和积极影响在高收入国家（地区）更为显著，其他如人均收入、外资流入等变量也是如此。而研发投入则在两个分样本单独回归中都较为显著。需要指出的是，中间产品进口集约边际和扩展边际与研发投入和人力资本的交叉项在两个分样本的回归都保持显著为正，而且低收入国家（地区）的交叉项系数值大于高收入国家（地区）样本，这意味着无论是高收入国家（地区）还是低收入国家（地区），中间产品进口的集约边际和扩展边际与研发投入和人力资本相结合都可以发挥对制造业出口质量的促进提升作用，但这种促进提升作用在低收入国家（地区）更为突出，这可能是因为低收入国家（地区）的人均收入和科技发展水平普遍较低，制造业出口质量的提升更依赖于进口中间产品的技术溢出效应。这从另一侧面验证了本书发现的进口中间产品对制造业出口质量的技术溢出效应。

表 6－14　　中间产品进口二元边际与制造业出口质量：不同收入水平的稳健性检验

	被解释变量：P							
	高收入国家（地区）				低收入国家（地区）			
	（1）面板回归	（2）IV 估计	（3）IV 估计	（4）IV 估计	（5）面板回归	（6）IV 估计	（7）IV 估计	（8）IV 估计
ln*IM*	－0.209*** （－11.38）	－0.264* （－2.54）	－1.545** （－3.17）	0.0560 （0.51）	－0.135** （－2.93）	1.619 （0.92）	－2.370** （－3.09）	1.221 （1.71）

① 关于国家的分类详细列表请参见世界银行网站。

续表

	被解释变量：P							
	高收入国家（地区）				低收入国家（地区）			
	（1）面板回归	（2）IV估计	（3）IV估计	（4）IV估计	（5）面板回归	（6）IV估计	（7）IV估计	（8）IV估计
ln*EM*	0.0879*** (4.23)	0.0102 (0.09)	0.311*** (3.46)	−1.975* (−2.43)	0.0409 (0.76)	−3.270 (−1.26)	0.856* (2.56)	−4.856* (−2.06)
ln*Inc*	0.778*** (12.31)	0.843*** (10.60)	0.821*** (11.58)	0.566*** (5.15)	0.0941 (1.24)	−0.0904 (−0.32)	0.439** (2.83)	0.285* (1.97)
RD	0.125** (3.25)	0.121* (2.23)	−1.439** (−2.65)	−2.126* (−2.22)	0.905*** (5.37)	1.370* (2.38)	−5.373*** (−3.91)	−14.99* (−2.48)
FDI	0.0150*** (3.76)	0.0134*** (3.30)	0.0156*** (3.72)	0.0177*** (3.85)	0.00212 (0.21)	−0.0168 (−0.70)	−0.0123 (−0.95)	0.00833 (0.53)
Human	0.00260 (1.21)	0.00297 (1.24)	−0.227** (−2.70)	−0.393* (−2.57)	−0.00152 (−0.40)	−0.0166 (−1.55)	−0.341** (−2.91)	−0.729* (−2.04)
IM×*RD*			0.133** (2.91)				0.566*** (4.57)	
IM×*Human*			0.0197** (2.73)				0.0308** (2.89)	
EM×*RD*				0.187* (2.34)				1.321** (2.69)
EM×*Human*				0.0313** (2.60)				0.0637* (2.03)
Year FE	Yes	Yes	Yes	Yes	Yes	Yes	Yes	Yes
_cons	−3.463*** (−5.58)	−2.479** (−2.60)	8.900* (2.01)	21.48* (2.19)	2.988*** (4.30)	22.89 (1.81)	15.95*** (4.10)	42.93* (2.28)
N	6629	6629	6629	6629	2046	2045	2046	2045

注：*、**、*** 分别表示10%，5%，1%的显著水平。回归系数下方括号内数值为对应估计的 $t(z)$ 统计量。

3. 地理区位

在全球贸易的发展长河中，地理区位也是影响繁荣发展的至关重要的因素。著名经济学家克鲁格曼在他的著作《地理与贸易》中论证了地理与贸易之间的关系，并形成了新经济地理理论。罗格夫斯基（Lugovskyy，2011）认为一国的地理区位影响着该国的出口质量。受以往学者们研究的启发，我们按照 CEPII 的 GEO 数据库中 Landlocked 变量将 66 个样本国家（地区）划分为内陆国家（地区）和海洋国家（地区）。其中，当 Landlocked 为 1 时，即为内陆国家（地区），反之为海洋国家（地区）。表 6－15 报告了按照 Landlocked 变量划分为内陆国家（地区）和海洋国家（地区）的分样本检验结果。表 6－15 中各变量的系数显示，在海洋国家（地区）样本中，各变量的系数显著性明显强于内陆国家（地区）样本，这表明中间产品进口二元边际与制造业出口质量的相关关系受到了地理区位的影响，在海洋国家（地区）样本，中间产品进口的集约边际与扩展边际对制造业出口质量的影响，以及二元边际与研发投入和人力资本结合的技术溢出效应都较为显著，而内陆国家（地区）样本则并不显著。这可能是由于海洋国家（地区）能够利用自身临海的地理区位优势，借助较为低廉的海运运输成本发展对外贸易和接触世界，易于接受国外先进科技的传播，并积极参与国际分工，增强自身吸收消化能力；而内陆国家（地区）则地处内陆，较为封闭，科技和信息的传播和沟通较为滞缓，因而在内陆国家（地区），中间产品进口的集约边际和扩展边际对制造业出口质量的影响，以及技术溢出效应都并不显著。

表 6－15　　中间产品进口二元边际与制造业出口质量：内陆与海洋国家的稳健性检验

	被解释变量：P							
	内陆国家（地区）				海洋国家（地区）			
	（1）面板回归	（2）IV 估计	（3）IV 估计	（4）IV 估计	（5）面板回归	（6）IV 估计	（7）IV 估计	（8）IV 估计
$\ln IM$	−0.0594 （−1.12）	−1.446 （−0.19）	−4.311 （−1.46）	−0.0394 （−0.58）	−0.177*** （−9.93）	−0.0277 （−0.30）	−1.825** （−2.60）	1.043 （1.63）
$\ln EM$	0.119 （1.71）	2.369 （0.27）	0.193 （1.80）	−5.020 （−1.24）	0.0571** （2.85）	−0.265* （−2.43）	0.414** （2.61）	−6.664 （−1.91）
$\ln Inc$	1.200** （3.24）	1.552 （0.37）	2.559* （2.55）	2.187* （2.52）	0.261*** （7.59）	0.291*** （6.89）	0.403*** （5.41）	0.625** （3.13）

续表

	被解释变量：P							
	内陆国家（地区）				海洋国家（地区）			
	(1) 面板回归	(2) IV估计	(3) IV估计	(4) IV估计	(5) 面板回归	(6) IV估计	(7) IV估计	(8) IV估计
RD	0.275 (0.71)	-1.224 (-0.52)	-1.305 (-1.21)	-1.522 (-1.02)	0.287*** (8.43)	0.356*** (8.16)	-1.375* (-2.20)	-6.526 (-1.87)
FDI	0.0143 (1.38)	0.0177 (0.31)	-0.00191 (-0.12)	-0.00190 (-0.11)	0.0240*** (5.77)	0.0209*** (4.74)	0.0269*** (5.73)	0.0381*** (3.43)
Human	-0.0959*** (-7.43)	-0.127 (-0.16)	-0.747 (-1.63)	-0.896 (-1.41)	-0.00476* (-2.42)	-0.00654** (-3.11)	-0.306* (-2.35)	-1.287 (-1.93)
IM×RD			0.0297 (0.62)				0.133** (2.73)	
IM×Human			0.0659 (1.43)				0.0261* (2.31)	
EM×RD				0.0956 (1.15)				0.541 (1.95)
EM×Human				0.0790 (1.26)				0.104 (1.93)
Year FE	Yes	Yes	Yes	Yes	Yes	Yes	Yes	Yes
_cons	-1.592 (-0.60)	-12.92 (-0.14)	28.25 (1.35)	41.47 (1.21)	1.549*** (4.64)	3.539*** (5.66)	14.94** (2.65)	67.25* (1.97)
N	718	718	718	718	7957	7956	7957	7956

注：*、**、*** 分别表示 10%，5%，1% 的显著水平。回归系数下方括号内数值为对应估计的 $t(z)$ 统计量。

4. 语言文化

自 18 世纪 60 年代开始的英国工业革命，席卷了当时的整个欧洲大陆，并蔓延至其他国家，推进了全球的工业化进程。英国工业革命的浪潮造就的大不列颠帝国，它为世界各地的殖民地带去工业化经验的同时，也推广了英语语言，使得英语成为一种国际通用语言。鉴于此，我们按照 CEPII 的 GEO 数据库中 Official_language 变量将 66 个样本国家（地区）划分为英语国家

（地区）与非英语国家（地区）。表 6－16 报告了按照语言划分后的分样本检验结果。在列（1）和列（5）的面板回归结果中，在英语国家（地区）样本的中间产品进口的集约边际和扩展边际的系数值大于非英语国家（地区），这说明中间产品进口的集约边际和扩展边际对制造业出口质量的影响在英语国家（地区）更为显著。人均收入系数值在非英语语系国家（地区）更为稳健显著，说明人均收入对制造业出口质量的提升作用在非英语语系国家（地区）更为突出。外资流入变量在两个分样本中都不显著。

需要指出的是，交叉项的系数在非英语国家（地区）保持显著为正，而在英语国家（地区）却显著为负，这可能是因为大多数英语国家具有较为先进的工业化基础和科技发展水平，因此使得进口中间产品的技术溢出效应减弱，促进提升制造业出口质量的作用被弱化。

表 6－16　中间产品进口二元边际与制造业出口质量：英语国家与非英语国家的稳健性检验

	被解释变量：P							
	英语语系国家（地区）				非英语语系国家（地区）			
	（1）面板回归	（2）IV 估计	（3）IV 估计	（4）IV 估计	（5）面板回归	（6）IV 估计	（7）IV 估计	（8）IV 估计
ln*IM*	－0.220*** （－5.59）	－0.568 （－0.76）	3.551* （2.34）	－0.580** （－3.11）	－0.166*** （－8.86）	－0.116 （－1.28）	－1.029** （－3.08）	0.174 （1.48）
ln*EM*	0.236*** （5.52）	0.292 （0.32）	－0.156 （－0.88）	5.292* （2.20）	0.0127 （0.59）	－0.195 （－1.88）	0.214* （2.23）	－1.754** （－3.17）
ln*Inc*	0.201* （2.45）	0.489 （1.75）	0.0927 （0.88）	0.471** （2.84）	0.298*** （7.62）	0.356*** （7.84）	0.392*** （7.28）	0.531*** （6.43）
RD	0.253*** （3.58）	0.151 （0.39）	4.034* （2.52）	6.522* （2.33）	0.274*** （6.71）	0.304*** （6.66）	－0.718* （－2.54）	－1.672** （－2.91）
FDI	0.0109 （1.40）	0.00554 （0.54）	0.0126 （1.37）	－0.00105 （－0.10）	0.00260 （0.59）	－0.000398 （－0.08）	0.00281 （0.62）	0.00890 （1.69）
Human	－0.00776 （－1.09）	－0.0247 （－1.86）	0.713* （2.50）	0.990* （2.07）	－0.00143 （－0.78）	－0.00157 （－0.82）	－0.150** （－2.60）	－0.321** （－3.26）

续表

	被解释变量：P							
	英语语系国家（地区）				非英语语系国家（地区）			
	（1）面板回归	（2）IV估计	（3）IV估计	（4）IV估计	（5）面板回归	（6）IV估计	（7）IV估计	（8）IV估计
$IM \times RD$			-0.320^{*} (-2.34)				0.0790^{***} (3.68)	
$IM \times Human$			-0.0644^{*} (-2.53)				0.0129^{*} (2.57)	
$EM \times RD$				-0.531^{*} (-2.24)				0.147^{***} (3.38)
$EM \times Human$				-0.0857^{*} (-2.08)				0.0260^{**} (3.25)
Year FE	Yes	Yes	Yes	Yes	Yes	Yes	Yes	Yes
_cons	1.024 (1.33)	2.362 (0.53)	-35.35^{*} (-2.44)	-56.36^{*} (-2.07)	1.652^{***} (4.46)	3.096^{***} (5.25)	8.373^{***} (3.42)	17.54^{***} (3.58)
N	1952	1952	1952	1952	6723	6722	6723	6722

注：*、**、*** 分别表示10%，5%，1%的显著水平。回归系数下方括号内数值为对应估计的 $t(z)$ 统计量。

6.5 本章小结

在这一章，我们基于样本期为1998～2012年的跨国面板数据，对一国中间产品进口的二元边际、人均收入、研发投入、外资流入等因素与制造业出口质量之间的相关关系进行了实证分析。结果表明，中间产品进口的集约边际与制造业出口质量呈显著负相关关系，而扩展边际与制造业出口质量呈显著正相关关系，这说明进口中间产品单纯量的增长并不能显著提升制造业出口质量，更多新产品种类和新来源地才能起到促进提升出口质量的作用。人均收入、研发投入和外资流入与出口质量呈显著正相关关系，表明人均收入越高，研发投入比例越高，外资流入越多，越能提升本国制造业出口质量。中间产品进口的二元边际与研发投入和人力资本的交叉项系数都显著为正，这验证了进口中间产品对出口质量的技术溢出效应，但集约边际和扩展边际的技术溢出效应之间存在差异。

为了减轻内生性问题，我们采用工具变量回归方法，得出的结论与之前保持基本一致，进一步验证了我们发现的中间产品进口二元边际与制造业出口质量之间存在的相关关系。我们从不同样本期、收入水平、地理区位以及语言四个方面进行分样本稳健性检验，主要实证结论较为稳健。我们的研究结论为各国进口中间产品提供一个新的导向：由注重进口额的增长转向注重引进新产品种类和拓展新的贸易关系。另外，人均收入、研发投入、外资流入和人力资本等因素对制造业出口质量的影响不容小觑。

第 7 章

中间产品进口二元边际对制造业出口质量的影响：中国证据

截至 2013 年，中国经济总量已经达 56 万亿元人民币，仅次于美国，而出口贸易规模已跃居世界第一。其中，制造业出口增长迅猛，2013 年，中国出口贸易总额达 13 万亿元，而制造业的贡献则高达 90%。中国已经成为名副其实的“制造大国”，依据联合国工业发展组织的统计资料显示，中国制造业净出口居世界第一位，且在 22 个按国际标准工业分类的工业品大类中，中国的出口量在 7 个大类中位居第一，如钢铁、水泥、汽车等 220 多种工业品产量都居世界第一位①。在出口规模实现爆炸式增长，“中国制造”享誉全球的同时，在国际市场上具有国际顶尖声誉的民族品牌极为匮乏。例如，中国国内较为知名且出口量较大的比亚迪、长城等民族品牌在国际市场上的汽车生产链上仍处于中低档端，还无法与奥迪、别克等高品质的国外品牌争夺市场份额。通过在第 5 章的测算和国际比较，我们发现中国制造业出口质量甚至低于一些发展中的东南亚国家。在日趋复杂和白热化的国际市场竞争和国际分工格局中，长期出口低质量产品显然不利于一国制造业的产业升级和持续发展，中国制造业亟须实现由低端制造向高端制造的转变。那么，如何才能实现中国制造业出口质量升级？本章基于中间产品进口二元边际视角，从制造业细分行业层面和企业层面展开实证分析，以期能够找到促

① 相关统计数据及资料来源于国家统计局网站和世界银行网站。

进中国制造业出口质量升级的路径。

7.1　引言及文献简要回顾

在国际贸易领域，大量文献对中间产品的技术溢出效应进行较为丰富的研究，众多国外学者普遍认为中间产品进口能够促进本国全要素生产率的提高。然而，基于中国数据对进口中间产品的技术溢出效应的研究则相对较少，已有的研究也大都集中在宏观或行业层面。与国外学者观点相似，一些国内学者基于中国的贸易数据，研究发现进口中间产品能促进工业制成品的全要素生产率的提升（朱春兰和严建苗，2006；傅东平，2010）。戴翔和张二震（2010）采用多种回归方法研究发现中间产品进口的增长能通过“出口产出能力扩张效应”和“出口多样化效应”对中国贸易顺差产生了显著的积极影响。赵伟和钟建军（2013）研究发现，高质量的进口中间产品对劳动力质量提出了更高要求，高质量的进口中间产品必须匹配高素质的劳动力才能发挥出其技术溢出效应。这些学者的研究都较为集中的验证了进口中间产品对行业全要素生产率存在正向的技术溢出效应。

在新新贸易理论的影响冲击下，并随着企业微观数据的可获取，一些国内学者开始基于企业异质性视角研究进口中间产品对企业生产率的影响。陈勇兵等（2012）基于中国制造业企业微观数据，首次理论模型和实证相结合，考察了进口中间产品对企业全要素生产率的影响，研究发现进口中间产品显著促进了企业全要素生产率的提高。曹亮等（2012）则采用倾向评分匹配的方法，基于中国工业企业数据库和海关数据库的匹配数据，研究发现进口中间产品对企业全要素生产率存在着显著的促进提高作用，而且这一促进作用受到企业规模的影响。熊力治（2013）基于中国制造业企业微观数据，采用 OP 方法估算全要素生产率，研究发现进口中间产品能促进本土制造业生产率提高，同时存在显著的进口学习效应。

以往国内学者的研究都局限于考察进口中间产品与我国行业层面或企业层面生产效率之间的相关关系，却鲜有学者从国际贸易领域另一个切中要害的产品质量视角研究进口中间产品对我国制造业出口质量的影响。殷德生等（2011）构建了一个企业异质性与产品质量升级的理论模型，研究认为在贸易开放条件下，贸易成本的下降促使南方国家进口北方国家的高质量中间产品，激励本国的创新活动，促进产品质量升级，这一研究结论间接证明了中间产品对产品质量存在着至关重要的影响。在越来越注重出口产品质量的国际市场竞争环境下，进口中间产品作为我国制造业最终工业产品生产过程中的重要投入，会对我国制造业出口质量带来怎么样的影响呢？解答这些问题，将极富现实意义。我们将基于新新贸易理论的二元边际视角，从行业层面和企业层面全面详尽实证分析中间产品进口的二元边际对中国制造业出口质量的影响。

7.2 中间产品进口二元边际对中国制造业细分行业出口质量的影响

7.2.1 计量模型、数据及变量

7.2.1.1 核心变量的测算

本节的实证分析将基于国民经济行业分类（GB/T 4754 - 2002）测算中国制造业细分行业层面的中间产品进口二元边际和出口质量指数。国民经济行业分类（GB/T 4754 - 2002）包含了 20 个门类[①]，其中制造业覆盖了 30 个细分行业，代码为 13 ~ 43。表 7 - 1 列出了 30 个细分行业的名称和代码。鉴于烟草制造业的高度垄断性质，以及废弃资源及加工业并不属于标准的制造业，我们剔除了这两个细分行业，因此用于实证分析的制造业细分行业一共 28 个。

① 门类的详细划分请见国家统计局网站。

表 7－1　　国民经济行业分类标准下的制造业细分行业

行业代码	行业名称
13	农副食品加工业
14	食品制造业
15	饮料制造业
16	烟草制造业
17	纺织业
18	纺织服装、鞋、帽制造业
19	皮革、毛皮、羽毛（绒）及其制品业
20	木材加工及木、竹、藤、棕、草制品业
21	家具制造业
22	造纸及纸制品业
23	印刷业和记录媒介的复制
24	文教体育用品制造业
25	石油加工、炼焦及核燃料加工业
26	化学原料及化学制品制造业
27	医药制造业
28	化学纤维制造业
29	橡胶制品业
30	塑料制品业
31	非金属矿物制品业
32	黑色金属冶炼及压延加工业
33	有色金属冶炼及压延加工业
34	金属制品业
35	通用设备制造业
36	专用设备制造业
37	交通运输设备制造业
39	电气机械及器材制造业
40	通信设备、计算机及其他电子设备制造业
41	仪器仪表及文化、办公用机械制造业
42	工艺品及其他制造业
43	废弃资源和废旧材料回收加工业

资料来源：国家统计局网站，作者整理。

由于测算中国制造业中间产品进口的二元边际和出口质量指数都来源于CEPII的BACI数据库，而BACI数据库是按照HS6位码产品分类进行统计，因此我们首先需要将产品分类与中国制造业细分行业进行匹配。本书参考盛斌（2002），钱雪峰（2010）的归类方法：首先，根据联合国统计部门网站提供HS6位码与国际标准行业分类（ISIC）的对应表，得到每个HS6位码所对应的ISIC4位码；其次，通过将ISIC4位产业代码归并到中国国民经济行业分类的制造业2分位的细分行业中，我们便可以将HS6分位的产品代码归类到中国制造业2分位的细分行业。

在计算中国制造业细分行业进口中间产品的二元边际时，我们仍沿用第6章使用过的定义和方法，即将赫尔普曼等（2008），艾默格和帕切格·皮尔拉（2008），钱雪峰（2010）等人的定义方法拓展至产业层面。以1998年为基期，将某一行业中贸易关系持续15年的中间产品进口贸易额视为该行业中间产品进口的集约边际，中间产品进口的扩展边际则通过该行业总进口贸易额减去集约边际得到。

在测度中国制造业出口质量指数时，我们依然采用第5章使用的产业出口质量测度方法，以产品 i 的国际市场均价为基础，结合李坤望等（2013）的计算公式，计算我国制造业细分行业的出口质量。

具体计算步骤如下：

首先，计算产品 i 的国际市场单位价值均值：

$$\overline{UV_i} = \frac{\sum_{c=1}^{N} V_{ic}}{\sum_{c=1}^{N} Q_{ic}} \tag{7-1}$$

其中，i 表示产品，$i \in [1, s]$；c 表示国家，$c \in [1, N]$；V_{ic}，Q_{ic} 表示 c 国 i 产品的出口金额和出口数量。那么，我国出口产品的相对质量即为：

$$\lambda_i = UV_i / \overline{UV_i} \tag{7-2}$$

其中，UV_i 为我国出口产品的单位价值，λ_i 即为我国出口产品的相对质量指数。

其次，我们采用下式计算我国制造业细分行业的出口相对质量：

$$Indus\_q_j = \sum_i \frac{TV_{ij}}{\sum_i TV_{ij}} \lambda_{ij} \tag{7-3}$$

其中，$Indus\_q_j$ 表示 j 行业的出口相对质量，用 j 行业中 i 种产品出口相对质量的加权平均计算得到，权数为每种产品在该行业总出口额中所占的份额。TV_{ij}表示 j 行业中第 i 种产品的出口总额，λ_{ij}表示 j 行业中第 i 种产品的相对质量。这里采用出口份额作为权重，是充分考虑到不同产品对行业出口质量指数的差异化贡献。

表 7－2 报告了中国制造业细分行业层面出口质量均值和中间产品进口二元边际的均值。从表 7－2 的结果，我们可以得出，出口质量指数均值较高的细分行业主要有饮料制造业、专用设备制造业、交通运输设备制造业、电气机械及器材制造业和仪器仪表及文化、办公机械制造业；而对于中间产品进口的二元边际，其中进口集约边际较大的行业主要有化学原料及化学制品制造业、黑色金属冶炼及压延加工业、有色金属冶炼及压延加工业、仪器仪表及文化、办公机械制造业、化学纤维制造业，中间产品进口的扩展边际较大的行业主要有通信设备、计算机及其电子设备制造业、化学原料及化学制品制造业、有色金属冶炼及压延加工业、电气机械及器材制造业、交通运输设备制造业。比较以上结果，我们可以看出：在中国制造业 28 个细分行业中，出口质量指数均值较高的行业和中间产品进口二元边际均值较高的行业存在一定的重合，如交通运输设备制造业、电气机械及器材制造业和仪器仪表及文化、办公机械制造业等，这表明出口质量指数越高的行业进口的中间产品二元边际均值也就越高，或者相反，这似乎暗示行业出口质量和中间产品进口的二元边际存在着某种关联性。

表 7－2　　细分行业层面的出口质量指数和中间产品进口二元边际描述性统计结果

行业名称	出口质量指数	进口集约边际	进口扩展边际
农副食品加工业	1.19	4365892	3739926
食品制造业	1.11	356128.2	171037

续表

行业名称	出口质量指数	进口集约边际	进口扩展边际
饮料制造业	2.02	1670.4	11972.83
纺织业	1.17	27068.43	1193435
皮革、毛皮、羽毛及其制品业	1.24	1578885	965842.7
木材加工及木竹藤棕草制品业	1.48	965993.2	1330090
家具制造业	0.92	88503.5	264161
造纸及纸制品业	1.26	158265.7	417524.3
印刷业和记录媒介的复制	1.09	7757.73	100581.4
文教体育用品制造业	1.35	256317.2	257285.8
石油加工、炼焦及核燃料加工业	1.26	1807908	2271563
化学原料及化学制品制造业	1.35	4.06E+07	2.96E+07
医药制造业	1.13	186924.2	1685459
化学纤维制造业	1.14	6356683	3607936
橡胶制品业	0.84	1049539	1635442
塑料制品业	0.98	2237539	3310363
非金属矿物制品业	1.11	487423.5	624160.5
黑色金属冶炼及压延加工业	1.04	9719034	4337931
有色金属冶炼及压延加工业	1.56	8820570	7222270
金属制品业	0.95	959739.4	3475001
通用设备制造业	1.21	4508560	6652557
专用设备制造业	1.72	1557747	3674057
交通运输设备制造业	1.70	2785778	9745983
电气机械及器材制造业	1.56	3558037	9733278
通信设备、计算机及其电子设备制造业	1.26	7553749	3.95E+07
仪器仪表及文化、办公机械制造业	1.58	1852405	4903934
工艺品及其他制造业	1.49	4945020	5280430

资料来源：BACI 数据库，作者计算整理。

为了进一步观测中间产品进口的二元边际与中国制造业出口质量之间的相关关系，我们随机选取一些行业进口中间产品和出口质量指数的数据，绘制散点图。图 7－1～图 7－3 分别是行业代码为 14（食品制造业），27（医药制造业），40（通信设备、计算机及其电子设备制造业）的中间产品进口的二元边际与行业出口质量指数的关系散点。

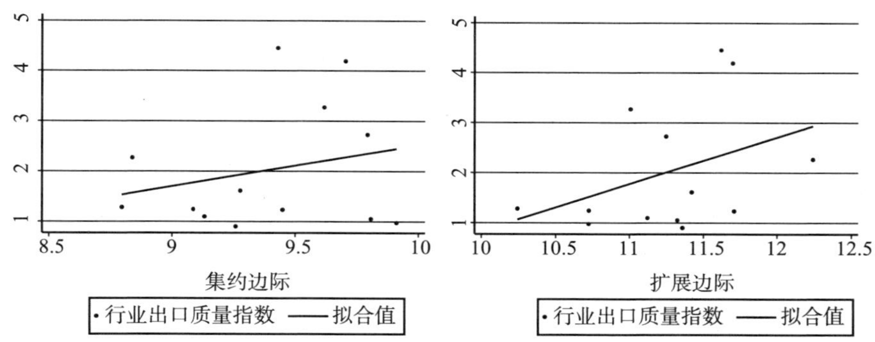

图 7－1　食品制造业中间产品进口的二元边际与出口质量

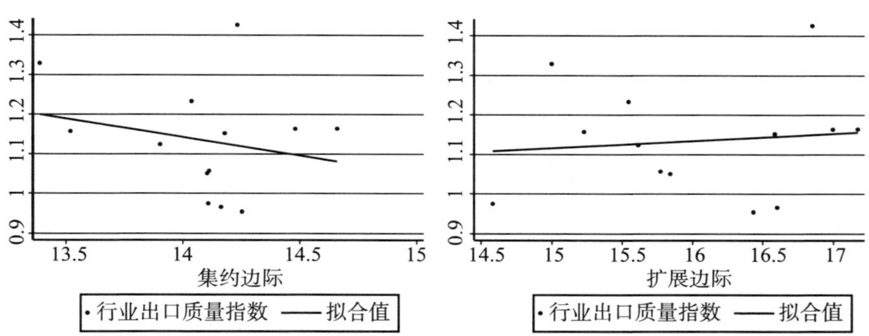

图 7－2　医药制造业中间产品进口的二元边际与出口质量

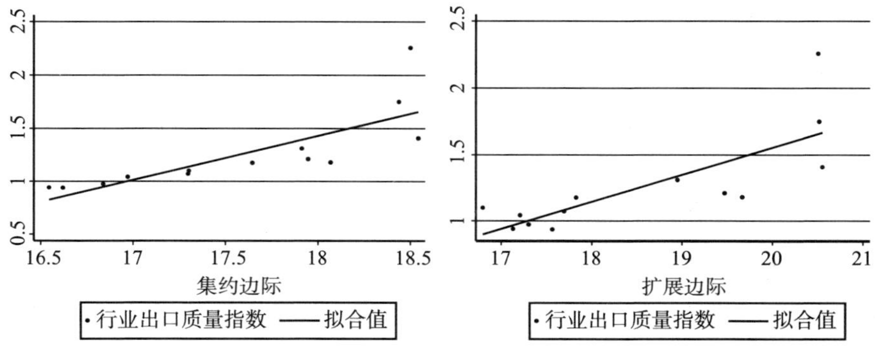

图 7－3　通信设备、计算机及其电子设备制造业中间产品进口的二元边际与出口质量

从随机抽取的三个细分行业的中间产品进口二元边际与出口质量指数的关系散点图中，我们可以看出食品制造业和通信设备、计算机及其电子设备制造业的中间产品进口的集约边际和扩展边际都与行业出口质量指数呈正相关关系，而医药制造业的中间产品进口的集约边际与出口质量呈负相关关系，扩展边际与出口质量呈正相关关系。这是否意味着中间产品进口的扩展边际会显著促进细分行业出口质量的提高，而集约边际对出口质量的促进作用则因行业而异呢？为了解答这一系列问题，并深入揭示行业层面的中间产品进口二元边际与行业出口质量之间的相关关系，非常有必要运用相关数据进行详尽的实证分析。

7.2.1.2　其他重要变量指标的选取

如在第 6 章所述，影响行业出口质量的因素有很多，如果仅仅考量中间产品进口的二元边际对中国制造业细分行业出口质量的影响，显然会遗漏其他重要解释变量对出口质量的影响，例如，行业的研发投入、人力资本水平、资本密集度等影响行业出口质量的重要因素，容易造成估计结果的偏误和不稳健。为了避免和减轻以上问题，我们将行业研发密度、人力资本水平、资本密度等作为解释变量纳入固定效应模型中，各变量指标的选取标准和经济学意义说明如下：

（1）研发密度。采用各个制造业细分行业的大中型工业企业科技活动经费内部支出与行业销售总产值的比值表示，记为 *RD*。进入研发投入，坚持自主研发和自主创新，才是我国制造业真正实现产品质量升级的可持续发展道路。

（2）人力资本水平。采用各行在岗职工的人均工资进行衡量，记为 *Human*。人力资本水平同样也是影响行业出口产品质量升级的重要因素。克雷默（1993），伍霍根（2008）研究认为高质量、高工资水平的员工是企业生产出高质量产品的至关重要的劳动力要素。斯科特（2004）研究发现出口单位价值与一国人力资本要素呈正相关关系。李坤望等（2013）认为行业的人均工资具有信号传递功能，工资高的行业能够吸引高素质工人进入，从而促进行业出口质量的提高。

（3）资本密集度。采用行业的固定资产合计与行业从业人员年均人数比值来表示，记为 KL。斯科特（2004）和李坤望（2013）研究认为产品质量与资本密集度呈正相关关系。而张杰等（2010）、施炳展等（2012）研究发现资本密集度越高，越发偏离了我国制造业的核心比较优势，越易生产出低质产品。而施炳展等（2013）对中国出口产品品质决定因素的实证研究中，也证明资本密度对产品质量的负向影响。

7.2.1.3　计量模型的建立及数据说明

在获取了核心变量和其他重要解释变量之后，本文通过建立如下计量模型考察中间产品进口的二元边际对中国制造业细分行业出口质量的影响：

$$\begin{aligned} P_{it} = \alpha_0 + \alpha_1 \ln IM_{it-1} + \alpha_2 \ln EM_{it-1} + \alpha_3 RD_{it} \\ + \alpha_4 \ln Human_{it} + \alpha_5 \ln KL_{it} + \varepsilon_{it} \end{aligned} \tag{7-4}$$

其中，下标 i，t 分别表示行业和年份。α_0 是常数项；α_1，α_2，α_3，α_4，α_5 表示各个解释变量的回归系数。被解释变量 P 指代细分行业出口质量指数；核心解释变量 IM，EM 分别表示行业层面中间产品进口的集约边际和扩展边际，为了充分考察解释变量对被解释变量的影响，核心解释变量均生成为滞后一期的变量并取对数形式。另外行业人力资本水平 $Human$ 和资本密集度 KL 的数值较大，为了缓解可能出现的异方差问题，这两个变量也都取对数形式，RD 表示行业研发密度。ε_{it}则表示随机误差项。

我们进行实证分析的数据主要来源于 CEPII 的 BACI 数据库、中国工业经济统计年鉴、劳动统计年鉴、科技统计年鉴。其中，中国制造业细分行业出口质量和中间产品进口二元边际的计算都来源于 CEPII 的 BACI 数据库，时间跨度为 1998 ~ 2012 年。规模以上工业企业的相关指标都来源于 2001 ~ 2013 年的《中国工业经济统计年鉴》。制造业细分行业大中型工业企业科技活动经费内部支出数据来自于 1998 ~ 2013 年《中国科技统计年鉴》。而各细分行业的在岗职工的人均工资来源于 1998 ~ 2013 年的《中国劳动统计年鉴》。另外，细分行业层面的中间产品进口的集约边际和扩展边际贸易值分别参照当年的美元对人民币的汇率进行换算，同时采用细分行业的工业品出厂价格指数对相关数据进行平减。最终，我们得到了 2000 ~ 2012 年细分行业进出口贸易和相关经济特征变量的数据。

表7－3报告了各变量的描述性统计结果。观测表7－3中数值，我们可以看到：剔除了异常值后的行业出口质量的均值为1.2872，最大值为4.4504。其中，进口集约边际、扩展边际、人均工资的单位为万元人民币。经过汇率换算后的中间产品进口的集边际和扩展边际的对数均值分别为15.5816和16.0649。而研发密度的均值为0.0121，表示人力资本水平的人均工资对数均值为9.7693，资本密集度的对数均值为11.6564。

表7－3　　主要变量的描述性统计结果

变量	含义	均值	标准差	最小值	最大值	样本量
Qua_indus	行业出口质量	1.2872	0.4365	0.7462	4.4504	351
ln*IM*(*t*－1)	进口集约边际对数	15.5816	2.2534	8.7966	19.9991	350
ln*EM*(*t*－1)	进口扩展边际对数	16.0649	1.9219	10.2428	20.5515	350
RD	研发密度	0.0121	0.0387	0.0007	0.4468	324
ln*Human*	人均工资对数	9.7693	0.5492	8.6548	11.2055	351
ln*KL*	资本密集度对数	11.6564	0.8508	9.6346	14.6301	351

为了检验各个解释变量之间可能存在的多重共线性，我们在表7－4中列出了各变量之间的相关性矩阵。从表7－4中相关系数值，我们可以得到，除了ln*IM*(*t*－1)与ln*EM*(*t*－1)，ln*KL*与ln*Human*的相关性系数大于0.6以外，其他变量之间并不存在严重的共线性问题。我们将在后续的稳健性检验中进一步减轻多重共线性的影响。

表7－4　　变量的相关系数矩阵

	ln*IM*(*t*－1)	ln*EM*(*t*－1)	*RD*	ln*Human*	ln*KL*
ln*IM*(*t*－1)	1				
ln*EM*(*t*－1)	0.8531	1			
RD	0.0693	0.1175	1		
ln*Human*	0.2735	0.3132	－0.0740	1	
ln*KL*	0.2138	0.2360	－0.0403	0.06769	1

7.2.2　计量结果分析

基于上一节的变量和数据描述，本节对细分行业出口质量的影响因素进行计量检验，并重点考察进口中间产品的二元边际对出口质量的重要性。表 7－5 报告了基于面板数据的基准模型回归结果，列（1）和列（2）为分别单独考察进口中间产品的集约边际、扩展边际对行业出口质量的影响；列（3）为综合考察进口中间产品集约边际和扩展边际对行业出口质量的影响；列（4）～列（6）为依次加入研发密度、人力资本水平和资本密集度的回归结果，所有的回归都控制了行业的固定效应。观测表 7－5 中滞后一期的集约边际和扩展边际的估计系数，我们可以得到：滞后一期的进口中间产品的集约边际的系数一直为负，并在 10% 的显著性水平通过检验，这说明进口中间产品的集约边际与行业出口质量之间总体呈负相关关系，滞后一期的进口集约边际的增长并不能显著促进行业出口质量的提升；滞后一期的进口中间产品的扩展边际的系数保持为正，并在 5% 的显著性水平上通过检验，这表明进口中间产品的扩展边际与行业出口质量之间存在显著的正相关，滞后一期进口中间产品的扩展边际能够显著促进当期行业出口质量的提高。由此我们可以得出，在进口中间产品的二元边际中，扩展边际对行业出口质量存在显著的正向促进作用，即新的中间产品种类和新贸易关系拓展才能促进出口质量的提升。

表 7－5　　基准模型回归结果

	被解释变量：行业出口质量 *Qua_indus*					
	模型 1	模型 2	模型 3	模型 4	模型 5	模型 6
$\ln IM(t-1)$	−0.00740 (−0.35)		−0.0622 * (−2.19)	−0.0661 * (−2.24)	−0.0643 * (−2.15)	−0.0662 * (−2.21)
$\ln EM(t-1)$		0.0372 (1.90)	0.0755 ** (2.89)	0.0762 ** (2.80)	0.0779 ** (2.83)	0.0812 ** (2.92)

续表

	被解释变量：行业出口质量 *Qua_indus*					
	模型 1	模型 2	模型 3	模型 4	模型 5	模型 6
RD				0.155 (0.25)	0.123 (0.20)	0.161 (0.26)
ln*Human*					-0.0175 (-0.41)	0.0316 (0.44)
ln*KL*						-0.0588 (-0.87)
Industry FE	Yes	Yes	Yes	Yes	Yes	Yes
_cons	1.298*** (3.45)	0.548 (1.60)	0.959* (2.46)	1.019* (2.50)	1.126* (2.32)	1.320* (2.47)
R^2	0.39	0.39	0.40	0.41	0.41	0.41
N	350	350	350	323	323	323

注：*、**、*** 分别表示 10%，5%，1% 的显著水平。回归系数下方括号内数值为估计的 $t(z)$ 统计量。

行业的研发密度的系数一直保持为正，这表明研发密度也能促进行业出口质量的提升。从本国可持续发展战略而言，相较于进口中间产品，加大国内研发投入更符合国家的长期利益。

行业的人力资本水平的系数在列（6）中为正，但并不稳健。这里采用人均工资指代人力资本水平，人力资本水平越高即人均工资越高，能够吸引高素质高技能工人，促进出口产品质量的升级。与此同时，过高的人均工资会显著提高企业的用工成本，挤压利润空间，使得企业在科研创新上的投入减少，在长期并不利于出口质量提升。

行业的资本密集度的系数为负，表明行业资本密集度的增长会使得行业出口质量下降。虽然弗洛姆、赫尔普曼和格罗斯曼等人的研究指出资本要素是生产高质量产品的重要影响因素之一，但是我国制造业出口优势主要是劳动密集型产品，资本密集度越高，越偏离核心比较优势，越不利于提升产品质量。

基准模型的回归结果表明，进口中间产品对行业出口质量存在技术溢出效应，那么进口中间产品的集约边际和扩展边际如何影响行业出口质量呢？我们采用分别加入了集约边际和扩展边际与行业研发密度和人力资本水平的交互项的形式，以检验进口中间产品二元边际的技术溢出效应。表 7－6 报告了加入了交互项后的面板回归结果，所有的回归都控制了行业固定效应。列（1）仍然为基准回归结果，列（2）~列（6）则是分别依次加入研发密度、人力资本水平与滞后一期的进口中间产品的集约边际和扩展边际的交互项的回归结果。观测表 7－6 中各解释变量的系数值，我们可以得到，进口中间产品的集约边际一直保持为负，而扩展边际则保持显著为正，这进一步表明进口中间产品的二元边际对行业出口质量的差异化影响，即扩展边际会显著促进行业出口质量的提高，而集约边际则不能。

行业研发密度和人力资本水平的回归系数与基准模型回归结果一样，一直保持为正；而资本密集度的回归系数则一直为负，进一步表明了行业研发密度和人力资本对行业出口质量的促进作用。而对于代表着进口中间产品的技术溢出效应的交互项的系数，我们可以看到研发密度和人力资本与滞后一期的进口集约边际的交互项一直保持为负，这似乎表明进口中间产品的集约边际并不能依靠与行业研发密度、人力资本相结合从而促进行业出口质量提升；研发密度与滞后一期的进口扩展边际的交互项系数保持为正，且在模型 6 中的综合影响保持显著，这说明中间产品进口的扩展边际可以通过与行业研发密度相结合进行技术外溢促进行业出口质量提升；人力资本与滞后一期的进口扩展边际的交互项系数却保持为负，这可能是因为我国制造业行业人力资本水平还较低，无法充分吸收消化进口中间产品的技术外溢。

表 7－6　　　　进口中间产品的技术溢出效应检验

	被解释变量：行业出口质量 *Qua_indus*					
	模型 1	模型 2	模型 3	模型 4	模型 5	模型 6
$\ln IM(t-1)$	−0.0662* (−2.21)	−0.0615* (−2.00)	0.0481 (0.29)	−0.0662* (−2.20)	−0.0693* (−2.29)	−0.161 (−0.48)

续表

	被解释变量：行业出口质量 *Qua_indus*					
	模型 1	模型 2	模型 3	模型 4	模型 5	模型 6
$\ln EM(t-1)$	0.0812 ** (2.92)	0.0831 ** (2.97)	0.0840 ** (2.99)	0.0812 ** (2.82)	0.283 (1.41)	0.536 (1.34)
RD	0.161 (0.26)	10.43 (0.70)	11.12 (0.75)	0.150 (0.01)	0.622 (0.06)	72.62 ** (3.04)
$\ln Human$	0.0316 (0.44)	0.0309 (0.43)	0.207 (0.76)	0.0316 (0.44)	0.362 (1.08)	0.574 (1.71)
$\ln KL$	−0.0588 (−0.87)	−0.0603 (−0.89)	−0.0540 (−0.79)	−0.0588 (−0.87)	−0.0502 (−0.73)	−0.0522 (−0.77)
$RD \times \ln IM(t-1)$		−0.631 (−0.69)	−0.676 (−0.74)			−13.09 *** (−3.31)
$\ln Human \times \ln IM(t-1)$			−0.0115 (−0.67)			0.0194 (0.56)
$RD \times \ln EM(t-1)$				0.000647 (0.00)	0.0313 (0.05)	8.120 ** (3.21)
$Human \times \ln EM(t-1)$					−0.0205 (−1.01)	−0.0527 (−1.29)
Industry FE	Yes	Yes	Yes	Yes	Yes	Yes
_cons	1.320 * (2.47)	1.236 * (2.25)	−0.524 (−0.20)	1.320 * (2.43)	−1.962 (−0.60)	−4.604 (−1.38)
R^2	0.41	0.41	0.41	0.41	0.41	0.43
N	323	323	323	323	323	323

注：*、**、*** 分别表示 10%，5%，1% 的显著水平。回归系数下方括号内数值为对应估计的 $t(z)$ 统计量。

7.2.3 稳健性检验

上一节的计量检验，验证了进口中间产品的二元边际对中国制造业细分行业出口质量存在着不同影响，并进一步检验了进口中间产品的技术外溢效应，这些计量检验都是基于 2000～2012 年全样本展开，那么在不同的分样本检验中，进口中间产品对行业出口质量的影响是否会存在差异呢？据此，我们按照不同的标准将全样本划分为不同分样本，并分别进行分样本的稳健性检验。

1. 调整样本周期

我们采用的第一种稳健性检验的方法是调整样本周期，我们将样本周期划分为 2000～2006 年和 2007～2012 年两个时期之后，分别进行面板回归，主要结论与之前的结论基本一致。比较在两个样本周期中各解释变量的系数值，我们发现：进口中间产品的扩展边际在 2000～2006 年的系数值大小和显著性远甚于 2007～2012 年；而进口中间产品的集约边际的系数值的变化则恰恰相反，这说明进口中间产品的扩展边际对行业出口质量的促进提升作用随着集约边际的不断增长而逐渐减弱，如表 7－7 所示。

表 7－7　　划分样本周期后的分样本回归结果

	被解释变量：行业出口质量 *Qua_indus*							
样本期	2000～2006 年				2007～2012 年			
	模型 1	模型 2	模型 3	模型 4	模型 5	模型 6	模型 7	模型 8
ln*IM*(*t*－1)	－0.125** (－3.27)	0.792* (2.14)	－0.120** (－3.22)	－0.851 (－1.06)	0.418** (2.82)	0.946 (1.19)	0.491** (2.96)	0.307 (0.27)
ln*EM*(*t*－1)	0.147*** (3.31)	0.140** (3.18)	1.461** (3.23)	1.901 (1.94)	－0.00748 (－0.17)	－0.0119 (－0.26)	0.617 (0.96)	0.988 (0.91)
RD	0.0661 (0.10)	13.10 (1.00)	3.945 (0.45)	104.4*** (3.85)	－22.20* (－2.04)	10.64 (0.10)	－39.32 (－0.51)	－0.449 (－0.00)
ln*Human*	－0.104 (－0.81)	1.414* (2.24)	2.203** (2.74)	1.556 (1.92)	0.0519 (0.25)	0.752 (0.71)	1.041 (1.01)	1.367 (1.14)
ln*KL*	－0.0656 (－0.38)	－0.0315 (－0.19)	－0.0281 (－0.17)	0.00887 (0.06)	－0.124 (－1.33)	－0.124 (－1.30)	－0.110 (－1.14)	－0.112 (－1.15)
RD×ln*IM*(*t*－1)		－0.813 (－1.01)		－18.20*** (－3.89)		－2.043 (－0.32)		－5.856 (－0.67)

续表

	被解释变量：行业出口质量 *Qua_indus*							
样本期	2000～2006 年				2007～2012 年			
	模型 1	模型 2	模型 3	模型 4	模型 5	模型 6	模型 7	模型 8
Human×ln *IM*(*t*－1)		－0.0983* (－2.47)		0.0943 (1.08)		－0.0453 (－0.68)		0.0216 (0.20)
RD×ln *EM*(*t*－1)			－0.239 (－0.47)	11.08*** (3.76)			0.971 (0.22)	4.333 (0.67)
Human×ln *EM*(*t*－1)			－0.144** (－2.91)	－0.200 (－1.87)			－0.0634 (－0.99)	－0.103 (－0.95)
Industry FE	Yes	Yes	Yes	Yes	Yes	Yes	Yes	Yes
_cons	2.501 (1.66)	－11.93* (－1.99)	－19.09* (－2.53)	－14.54 (－1.93)	－5.009* (－2.34)	－13.26 (－1.07)	－16.20 (－1.39)	－19.51 (－1.42)
R^2	0.61	0.53	0.56	0.56	0.61	0.47	0.47	0.47
N	161	161	161	161	162	162	162	162

注：*、**、*** 分别表示 10%，5%，1% 的显著水平。回归系数下方括号内数值为对应估计的 $t(z)$ 统计量。

行业研发密度和人力资本水平的系数值在不同样本周期的大部分回归中保持为正，这进一步说明了研发密度、人力资本水平对行业出口质量的显著促进提升作用并不受时间效应影响。而资本密集度的系数值在两个不同的样本周期中一直保持为负。

对于交互项的系数值，我们发现研发密度与扩展边际的交互项在 2007～2012 年的系数值比 2000～2006 年有所增强，这表明行业研发密度吸收消化进口中间产品的扩展边际技术外溢的能力随着时间推进得以提高。

2. 基于不同行业要素禀赋的分样本检验

为了检验不同行业要素禀赋是否会对进口中间产品二元边际与行业出口质量的相关关系产生差异化影响，我们按照盛斌（2002）的划分标准，将 28 个制造业细分行业划分为劳动密集型行业、资本密集型行业和资本及技术密集型行业。其中，劳动密集型行业包括农副食品加工业、食品制造业、饮料制造业、纺织业、服装及其他纤维制品制造业、皮革皮毛羽绒及其制品业、木材加工及竹藤棕草制品业；资本密集型行业包括家具制造业、造纸及纸制品业、印刷业、文教体育用品制造业、化学原料及化学制品制造业、化学纤维制造业、橡胶制品业、塑料制品业、非金属矿物制品业、金属制品业、黑色金属冶炼及压延加工业、有色金属冶炼及压延加工业；资本及技术密集型行业包括石油加工及冶炼业、医药制造业、普通机械制造业、专用设备制造业、交通运输设备制造业、电气机械及器材制造业、通讯设备计算机及其他电子设备制造业、仪器仪表及文化办公用机械制造业、工艺品及其他制造业。

表 7－8 报告了按照不同行业要素禀赋划分的分样本面板回归结果，所有回归都控制了行业固定效应。列（1）~列（3）为劳动密集型行业的回归结果；列（4）~列（6）是资本密集型行业的回归结果；列（7）~列（9）是资本及技术密集型行业的回归结果。观测表 7－8 中系数值，我们可以得到，进口中间产品集约边际的系数保持为负，而扩展边际的系数则保持为正，从不同行业要素禀赋的角度验证了我们之前实证结论的稳健性，这也表明了进口中间产品的扩展边际对行业出口质量促进提升作用并不受行业要素禀赋的影响，而扩展边际的系数值在劳动密集型行业最大且最为显著，这说明进口中间产品扩展边际对行业出口质量的影响在劳动密集型行业最为显著。

行业研发密度、人力资本水平在劳动密集型行业最为显著，而在其他两个行业并不显著，这说明研发密度、人力资本水平对行业出口质量的促进提升作用在劳动密集型行业最为明显，可能是因为劳动密集型行业的研发投入和人力资本水平都较低。而行业资本密集度在资本密集型行业保持为正，这表明资本密集度对行业出口质量的促进提升作用只在资本密集型行业才能发挥出来。

而行业研发密度、人力资本水平与滞后一期进口中间产品的集约边际和扩展边际的交互项在资本及技术密集型行业为正，而在其他两个行业系数为负，这表明国内的制造业的研发密度、人力资本通过吸收消化进口中间产品的技术外溢之后，对行业出口质量促进提升作用在资本及技术密集型行业最为明显。

表 7 – 8　　按不同行业要素禀赋划分的分样本回归结果

	被解释变量：行业出口质量 *Qua_indus*								
	劳动密集型行业			资本密集型			资本及技术密集型		
	模型 1	模型 2	模型 3	模型 4	模型 5	模型 6	模型 7	模型 8	模型 9
ln*IM* (*t*－1)	－0. 214 ** (－2. 76)	1. 230 ** (2. 81)	－0. 173 * (－2. 07)	0. 0274 (0. 79)	－0. 449 * (－2. 20)	0. 0339 (0. 99)	－0. 0615 (－1. 27)	－0. 495 (－0. 99)	－0. 0236 (－0. 44)
ln*EM* (*t*－1)	0. 140 (1. 79)	0. 130 (1. 77)	1. 968 ** (2. 99)	0. 0143 (0. 41)	0. 0186 (0. 55)	－0. 461 (－1. 71)	0. 122 ** (3. 10)	0. 119 ** (2. 99)	－0. 651 (－1. 31)
RD	100. 4 ** (2. 90)	277. 0 * (2. 09)	244. 4 (0. 95)	－7. 356 (－0. 81)	65. 23 (0. 82)	103. 0 (1. 08)	－0. 0784 (－0. 16)	－1. 790 (－0. 14)	－3. 540 (－0. 42)
ln*Human*	0. 360 (1. 46)	2. 182 *** (3. 59)	2. 936 ** (3. 19)	－0. 103 (－0. 97)	－0. 856 ** (－2. 63)	－0. 898 * (－2. 03)	－0. 0609 (－0. 74)	－0. 826 (－0. 94)	－1. 416 (－1. 61)
ln*KL*	－0. 227 (－0. 87)	－0. 0239 (－0. 10)	0. 0904 (0. 33)	0. 110 (1. 04)	0. 0258 (0. 24)	0. 0441 (0. 40)	－0. 124 (－1. 80)	－0. 127 (－1. 82)	－0. 124 (－1. 79)
RD × ln *IM*(*t*－1)		－14. 53 (－1. 18)			－4. 046 (－0. 84)			0. 107 (0. 14)	
Human × ln *IM*(*t*－1)		－0. 143 ** (－3. 27)			0. 0523 * (2. 48)			0. 0455 (0. 87)	
RD × ln *EM*(*t*－1)			－10. 08 (－0. 48)			－6. 491 (－1. 13)			0. 206 (0. 42)
Human × ln *EM*(*t*－1)			－0. 192 ** (－2. 89)			0. 0526 (1. 88)			0. 0765 (1. 55)
Industry FE	Yes	Yes	Yes	Yes	Yes	Yes	Yes	Yes	Yes
_cons	1. 437 (0. 85)	－19. 22 ** (－3. 01)	－27. 34 ** (－2. 63)	0 (.)	0 (.)	0 (.)	0 (.)	9. 965 (1. 17)	15. 66 (1. 85)
R^2	0. 44	0. 53	0. 51	0. 39	0. 42	0. 41	0. 44	0. 45	0. 46
N	71	71	71	144	144	144	108	108	108

注：*、**、*** 分别表示 10%，5%，1% 的显著水平。回归系数下方括号内数值为对应估计的 $t(z)$ 统计量。

7.3　中间产品进口二元边际对中国制造业企业出口质量的影响

在企业异质性的相关理论和经验研究中，大多数学者都将企业异质性综合诠释为企业生产率的差异。随着产品质量问题逐渐成为国际贸易领域前沿核心命题，一些学者开始将企业异质性转向企业产品质量异质性，布鲁克（2006），哈拉克和西瓦达萨（2013）更是提出了企业“质量生产率（quality productivity）”，与企业生产率（process productivity）形成鲜明比照。而涉及中国出口产品质量的文献相对较为匮乏，已有的文献也大都还集中于测度中国出口产品品质以及影响产品质量的因素分析（施炳展等，2013；李坤望等，2014）。

针对进口中间产品的影响，已有的研究表明，进口中间产品显著促进了中国制造业企业生产率的提高（陈勇兵等，2012；曹亮等，2012），进口中间产品的多样性显著提升了企业产品创新能力（杨晓云，2013）。那么进口中间产品会对企业出口质量产生什么样的影响？本节将基于中国制造业企业进出口贸易微观数据，构建企业出口质量指数，并计算企业层面进口中间产品二元边际，考察企业中间产品进口的二元边际对企业出口质量的影响，并针对企业所有制关系、所处区域、贸易方式等属性进行分样本稳健性检验。

7.3.1　计量模型、数据及变量

7.3.1.1　企业出口质量指数的测算

基于本节的研究目的，我们首先需要测算企业出口质量指数。在这里，我们沿用第 5 章使用的出口质量测度方法，仍以产品 i 的国际市场均价为基础，计算出我国制造业企业每件出口产品的相对质量，然后以出口产品的份额作为权重测算企业整体的出口质量。

具体计算步骤如下：

首先，我们计算企业每件出口产品的相对。以产品 i 的国际市场单位价值均值为基础，中国制造业企业出口产品相对质量为：

$$\lambda_{fi} = UV_{fi}/\overline{UV_i} \tag{7-5}$$

其中，$\overline{UV_i}$即为产品 i 的国际市场均价；UV_{fi}为我国企业出口产品的单位价值，λ_{fi}即为我国企业出口产品的相对质量指数。

其次，我们采用式（7－6）计算我国制造业企业的出口相对质量：

$$q_f = \sum_{i=1}^{s} \frac{V_{fi}}{\sum_{i=1}^{s} V_{fi}} \lambda_{fi} \tag{7-6}$$

其中，q_f 表示企业 f 的出口相对质量，用企业 f 出口的 i 种产品出口相对质量的加权平均计算得到，权数为每种产品在该企业总出口额中所占的份额，这里采用出口份额作为权重，是考虑到不同产品对企业出口质量指数的差异化贡献。V_{fi}表示企业 f 第 i 种产品的出口总额，λ_{ij}表示企业 f 中第 i 种产品的相对质量，而 $i \in [1,\ s]$。

采用以上测算方法，我们可以计算得到制造业企业出口质量指数。表 7－9 报告了 2002～2006 年制造业各细分行业的企业出口质量指数均值，剔除了垄断性特征明显的烟草制造业、武器弹药制造业。从表 7－9 中企业出口质量均值，我们可以得出：在纺织业、服装及其他纤维制品制造业、皮革毛皮羽绒及其制品业等一些劳动密集型特征明显的行业，我国制造业企业出口质量指数均值低于 1，表明这些行业的企业出口质量仍较低。而在医药制造业、有色金属冶炼加工业、金属制品业、普通机械制造业、专用设备制造业、电气机械制造业等资本密集和技术密集型行业，企业出口质量指数较高，出口质量相对较高。同时，通过观测企业出口质量指数 2002～2006 年的变化趋势，我们可以得出技术密集型和资本密集型行业的企业出口质量呈现一定幅度的上升，如交通运输设备制造业、电气机械及其器材制造业、电子及通信设备制造业、家具制造业等；而在劳动密集型行业，企业出口质量的上升趋势并不明显，有些行业的企业出口质量还出现了一定程度的下滑。这说明，我国在参与国际分工过程中，通过引起吸收国外直接投资和国外先进技术，资本密集型和技术密集型行业出口质量得以提升，而作为我国制造业比较优势的劳动密集型行业的出口质量仍停滞在较低的水平。随着人口红利逐渐消失之后，这些行业的发展将面临巨大的挑战和竞争压力，亟须政府部门采取具体措施，提升出口质量。

表 7－9　分行业企业出口质量指数描述性统计结果（2002～2006 年）

细分行业名称	2002 年	2003 年	2004 年	2005 年	2006 年
13 农副食品加工业	1.21	1.58	1.4	1.63	1.58
14 食品制造业	1.59	1.7	1.81	1.69	1.84
15 饮料制造业	0.97	2.01	1.78	1.91	1.38
17 纺织业	0.54	0.6	0.56	0.63	0.69
18 服装及其他纤维制品制造业	0.43	0.54	0.52	0.53	0.56
19 皮革毛皮羽绒及其制品业	0.8	0.78	0.93	0.95	0.89
20 木材加工及竹藤棕草制品业	1.55	1.51	1.39	1.61	1.66
21 家具制造业	13.33	15.38	13.98	13.73	15.02
22 造纸及纸制品业	1.64	1.08	1.49	1.28	1.54
23 印刷业及记录媒介的复制	1.97	1.45	1.93	2.08	1.87
24 文教体育用品制造业	1.63	1.54	2.15	1.92	2.12
25 石油加工及炼焦业	1.71	2.87	1.8	1.13	1.39
26 化学原料及化学制品制造业	1.91	1.73	1.88	1.92	2.05
27 医药制造业	1.75	4.32	4.65	4.77	4.72
28 化学纤维制造业	1.25	1.46	1.21	1.43	1.3
29 橡胶制品业	3.32	3.91	3.47	3.34	3.51
30 塑料制品业	1.36	1.5	1.67	1.83	2.05
31 非金属矿物制品业	2.41	2.48	2.52	2.64	2.73
32 黑色金属冶炼及压延加工业	1.24	1.26	1.23	1.13	1.16
33 有色金属冶炼及压延加工业	1.67	2.21	2.63	3.15	2.66
34 金属制品业	2.52	2.62	2.54	2.47	2.75
35 普通机械制造业	6.84	7.68	7.95	7.77	8.66
36 专用设备制造业	15.52	16.31	15.95	16.24	17.13

续表

细分行业名称	2002 年	2003 年	2004 年	2005 年	2006 年
37 交通运输设备制造业	3.29	7.87	8.24	7.48	7.70
39 电气机械及器材制造业	3.81	4.16	4.40	4.38	5.13
40 通信设备、计算机及电子设备制造业	3.25	3.81	4.35	4.01	4.55
41 仪器仪表及文化、办公用机械制造业	3.87	4.1	5.18	5.7	6.66
42 工艺品及其他制造业	1.66	1.96	1.87	2.03	2.04

注：企业各年的出口质量指数皆选取均值。
资料来源：中国工业企业数据库和海关数据库，作者计算整理。

7.3.1.2 核心解释变量：企业进口中间产品的二元边际

大多数关于二元边际的研究都集中在出口贸易方面，鲜有学者关注进口贸易的二元边际。而且受限于数据的可获得性，大多数研究出口二元边际的文献都是基于产品层面，很少涉及企业层面。陈勇兵、陈宇媚和周世民（2012）基于中国制造业企业出口贸易微观数据，从企业动态视角对中国出口增长展开二元边际分解，并着重描述了企业出口动态及二元边际特征变化，研究发现不同类型的贸易成本对企业层面二元边际的产生差异化影响。他们将劳伦斯（Lawless，2008）的理论模型拓展至多产品情形，从多产品企业角度定义二元边际，将总出口额 S_j（j 表示出口市场）分解为扩展边际（出口企业数量 N_j）和集约边际（单位企业的平均出口额 S_j/N_j）。

基于本节的研究目标，我们将陈勇兵、陈宇媚和周世民（2012）分解企业层面出口二元边际的定义和方法加以拓展，应用到企业层面中间产品进口二元边际的计算中，将企业进口中间产品的贸易额分解为扩展边际（企业进口中间产品的种类之和 PV_f，f 表示企业）和集约边际（企业进口中间产品的平均贸易额 I_f/PV_f）。

本节仍沿用 BEC 法识别中间产品，即 BEC 代码为“111”“121”“21”“22”“31”“322”“42”“53”八大类即为我们要研究的中间产品。考虑到来源于不同国家的同一个产品编码的中间产品所蕴含的技术差异，我们参考芬斯特（Freenstra，1994）、伯达和温斯坦（Broda and Weinstein，2006）的做法，将从不同来源地进口的同一种中间产品视为不同产品种类。我们通过将中国工业企业数据库与海关数据库的进行匹配整理得到了进口不同中间产品的企业样本数据（数据匹配与处理，下文将进行详细阐述）。

表 7－10 报告了企业层面中间产品进口二元边际的描述性统计结果。观测表 7－10 中数值，我们可以看到，进口中间产品的扩展边际和集约边际均值分别为 55.74 美元和 140554 美元，说明我国制造业企业 2002～2006 年年均进口 55 种以上的中间产品，平均进口贸易额达 140554 美元，中间产品进口较为活跃。

表 7－10　企业中间产品进口的二元边际的描述性统计结果　单位：美元

企业中间产品进口的二元边际	样本量	均值	标准差	最小值	最大值
扩展边际	116150	55.74	1060.48	1	354878
集约边际	116150	140554	864791.7	0.5	8.24E＋07

资料来源：中华人民共和国海关总署数据库，作者整理。

基于海关数据库的企业贸易方式信息，我们尝试考察不同贸易方式下企业进口中间产品的行为是否存在差异？表 7－11 报告了不同贸易方式下企业进口中间产品扩展边际和集约边际的均值，通过比较，我们发现加工贸易方式下企业进口中间产品的扩展边际高于一般贸易，而集约边际则低于一般贸易，这似乎说明企业的贸易方式影响着企业的进口贸易行为。

表 7－11　不同贸易方式下的企业中间产品进口二元边际特征（均值）　单位：美元

一般贸易		加工贸易	
扩展边际	集约边际	扩展边际	集约边际
45.24	1766688	66.88	116500.5

资料来源：中华人民共和国海关总署数据库，作者整理。

在测算了企业层面出口质量指数和企业中间产品进口的二元边际之后，

我们随机抽取2005年的数据，对企业进口中间产品的二元边际和企业出口质量指数之间的关系进行初步观测。图7－4是企业进口中间产品二元边际与企业出口质量指数的关系散点图，通过拟合曲线的走势，我们可以得出，企业进口中间产品的扩展边际与企业出口质量呈正相关关系，而集约边际则呈负相关关系。那么，这是否意味着，企业进口中间产品的种类增长会促进企业出口质量的提升呢？非常有必要基于企业微观数据进行深入的实证分析。

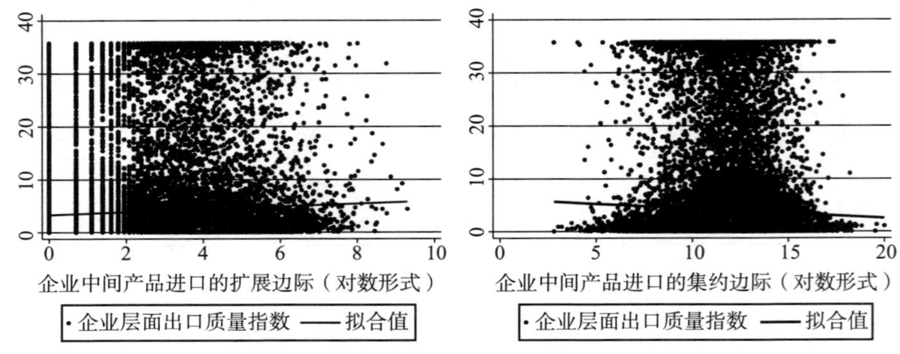

图7－4　企业中间产品进口的二元边际与企业出口质量指数

7.3.1.3　其他变量指标的选取

如果仅仅考察进口中间产品对企业出口质量的影响，显然会遗漏一些其他重要解释变量，因为影响企业出口质量的因素不单只有进口中间产品，还有企业自身特征，如人力资本水平、研发密度、技能培训投入、资本密集度、企业规模等。而且，进口中间产品影响企业出口质量的作用的发挥也必须借助其他资本、劳动力等生产要素。因此，为了得到更为全面和稳健的估计结果，我们将企业人力资本水平、研发投入、技能培训投入、资本密集度和企业规模等代表企业自身特征的重要解释变量纳入固定效应模型中。各个变量指标的选取及经济学意义说明如下：

（1）人力资本水平。采用企业工资总额与企业员工人数的比值，即人均工资进行衡量，记为 *Human*。企业的人力资本水平是制约企业出口产品质量升级的重要因素，高质量、高工资水平的员工是企业生产出高质量产品的至关重要的劳动力要素（Kremer，1993；Verhoogen，2008）。喻美辞（2011）通过构建理论框架，研究发现由于存在资本与技能的互补性和技术学习的技能偏向性，中间产品的进口会增加发展中国家对熟练劳动力的相对需求。由此可见，企业人力资本水平会直接影响进口中间产品技术溢出效应的充分发挥。

（2）研发密度。企业的研发密度是指企业针对产品的工业设计、性能外观、质量控制以及广告营销方面的投入占企业产值的比重，采用企业研发费用（R&D）和广告费用投入之和与企业销售产值的比值表示，记为 *RD*。契科和萨顿（Shaked and Sutton，1983）认为构思、设计并生产出一件令消费者意愿支付更多消费者剩余的高质量产品需要企业进行一系列如研发活动（R&D）、广告营销以及质量控制等措施。

（3）技能培训投入。企业的技能培训投入是指对企业员工进行一系列技能培训和技能升级，采用职工教育费用与企业员工人数的比值进行表示，记为 *educ*。我们认为，提升员工的技能水平是生产高质量产品所需要的技能准备，预期其系数显著为正。

（4）资本密集度。采用企业的固定资产年平均净值与企业员工人数的比值来表示，记为 *kl*。资本同样是生产高质量产品的重要投入要素，但学者们针对资本密集度与产品质量之间的关系观点并不一致。斯科特（2004），李坤望（2013）等研究发现产品质量与资本密集度呈正相关关系。施炳展等（2013）采用美国进口贸易数据，研究指出我国制造业企业大多出口劳动密集型产品，企业资本密度越高，越有可能偏离我国的比较优势，反而导致企业生产低质量产品。本书将基于中国制造业企业贸易数据，探讨资本密集度对企业出口质量的影响。

（5）企业规模。采用企业员工人数进行表示，记为 *size*。企业规模是影响企业出口质量的重要因素，库格勒和伍霍根（2012）研究发现企业规模越大，产成品的定价越高，即生产的产品质量越高，同时进口的投入品质量也更高。我们预期企业规模的系数值显著为正。

7.3.1.4 计量模型的构建

我们构建如下面板计量模型，以考察中间产品进口对企业出口质量的影响：

$$Qua_{ft} = \beta_0 + \beta_1 \ln EM_{ft} + \beta_2 \ln EX_{ft} + \beta_3 \ln Human_{ft} + \beta_4 RD_{ft} + \beta_5 Educ_{ft} + \beta_6 \ln KL_{ft} + \beta_7 \ln Size_{ft} + \beta_t + \beta_{indus} + \beta_r + \delta_{ft} \quad (7-7)$$

其中，被解释变量 q_{ft} 表示企业出口质量指数，下标 f 指企业，t 表示年份，下同。*EM* 表示进口中间产品的集约边际；*EX* 表示进口中间产品的扩展边际。其他解释变量的含义在上一节已经给出了详细说明，不再赘述。β_0 为常数项，$\beta_1 \sim \beta_7$ 为核心解释变量的估计系数。β_t 表示年份虚拟变量（year dummies）；β_{indus} 指代企业所处行业的虚拟变量（industry dummies），按照国家统计局的 GB/T 4754－2002 分类法，用两位数产业代码表示；β_r 指企业所属省份区域的虚拟变量（Region dummies），用两位数的省地代码表示；δ_{ft} 表示随机误差项。

7.3.1.5 数据来源及处理说明

中国工业企业数据库和中国海关数据库是企业层面实证分析的主要数据来源。其中，中国工业企业数据库调查统计的企业包含了所有国有工业企业和“规模以上”非国有工业企业（年销售额不低于 500 万元），时间跨度为 2002～2007 年。数据库中一些样本存在错漏和统计口径上的误差，有必要对数据进行筛选处理。我们对样本数据做了以下筛选处理：（1）剔除同一年中重复出现的企业；（2）剔除出口交货值为负的企业；（3）剔除固定资产年平均净值为负或者为零的企业；（4）剔除职工人数小于 10 人的企业。此外，以 2002 年为基期，计算出工业品出厂价格指数、工业品购进价格指数、固定资产投资价格指数以及消费者价格指数，并对相关指标数据进行平减，尽量剔除通货膨胀的影响。

中国海关数据库调查统计了中国规模以上工业企业进出口的贸易数据，调查统计年份为 2002～2006 年。数据库包含企业出口和进口的贸易金额（以美元为计价单位）、贸易数量、出口目的地和进口来源地国家、商品代码、产品计量单位、贸易方式、海关口岸、运输方式等信息。通过两个数据库共有的公共字段：电话号码和企业名称等信息，我们将工业企业数据库与海关数据库进行匹配，得到了2002～2006年完整的中国工业企业进出口贸易详细信息。

为了筛选出进口中间产品的企业样本，我们需要从进口产品种类中筛选出中间产品。我们采用国际通用的BEC（Broad Economic Categories）广义经济类别分类法识别出中间产品。其中，BEC代码为"111""121""21""22""31""322""42""53"八大类即是本书要研究的中间产品。由于中国海关数据库中进口产品编码为HS96的8分位代码，无法直接与BEC代码联结。为此，我们将海关数据库的产品编码分解为HS9的6分位码，并依据联合国提供的BEC与HS96的对照表，将BEC代码与海关数据库中的产品编码对照，筛选出中间产品。

根据研究的需要，我们从中国工业企业数据库筛选出企业代码、年份、工业总产值、工业增加值、工业销售产值、固定资产年均净值、全部职工、工资总额、研发费用、广告费用、职工教育费和工业中间投入合计等变量。为了更全面了解企业所处行业类别、所属省地区域以及所有制关系对企业进口中间产品的影响，我们还筛选出这些体现企业属性特征的变量。

表7－12报告了各变量的描述性统计结果。我们从表7－12中结果可以看到，剔除了异常值后的企业出口质量的对数均值为4.0750，最大值为35.7580。经过汇率换算后的中间产品进口的集边际和扩展边际的对数均值分别为11.9233和2.5805。采用人均工资对数表示的人力资本均值为2.7527。研发密度、技能培训投入都是比值，均值分别为0.0048和0.1215。资本密集度对数均值是3.7275，企业规模对数均值是5.4860。

表7－12　　　　主要变量的描述性统计结果（2002～2006年）

变量	含义	均值	标准差	最小值	最大值	样本量
Qua	企业出口质量	4.0750	8.4940	0.0000	35.7580	97470
ln*EM*	进口集约边际对数	11.9233	2.0114	1.4194	19.9998	97470

续表

变量	含义	均值	标准差	最小值	最大值	样本量
ln*EX*	进口扩展边际对数	2.5805	1.6954	0.0000	12.7795	97470
ln*Human*	人均工资对数	2.7527	0.6090	-2.9957	6.8966	97425
RD	研发密度	0.0048	0.1142	-0.0049	24.6117	60606
Educ	技能培训投入	0.1215	0.6310	-11.4351	69.1879	97455
ln*KL*	资本密集度对数	3.7275	1.4208	-5.3280	9.8800	97455
ln*Size*	企业规模的对数	5.4860	1.1663	2.3025	11.7895	97455

为了保证实证结果的准确可信和稳健性，我们对可能出现的多重共线性问题进行了检验。表7-13列出了各解释变量之间的相关系数矩阵。从表中各变量间的相关系数值，我们可以得出，最大的相关系数值为ln*human*与ln*kl*之间的相关系数0.3842，未超过0.5，说明相关性较弱。从各变量间普遍较小的相关系数值，我们可以得出，各变量间并不存在严重的多重共线性问题。

表7-13　　　　各解释变量的相关系数矩阵

	ln*EM*	ln*EX*	ln*Human*	*RD*	*Educ*	ln*KL*	ln*Size*
ln*EM*	1						
ln*EX*	0.2151	1					
ln*Human*	0.1076	0.2310	1				
RD	-0.0097	-0.0023	0.0176	1			
Educ	0.0206	0.0319	0.1555	0.0202	1		
ln*KL*	0.1909	0.1072	0.3842	0.0186	0.1190	1	
ln*Size*	0.1732	0.3238	-0.1097	0.0074	-0.0272	-0.1004	1

7.3.2　计量结果分析

基准模型回归结果

我们通过式（7-7）对进口中间产品的二元边际与企业出口质量之间

的相关关系进行计量检验。表7-14报告了基于企业进出口面板数据的基准模型回归结果。列（1）为没有控制年份、企业所处行业以及省份的回归结果；列（2）~列（4）是依次加入年份、所处行业以及省域的回归结果；列（5）~列（6）是加入人力资本水平、研发密度、技能培训投入以及资本密集度和企业规模后的回归结果，其中列（6）控制了年份、行业和省域的固定效应。

从表7-14中回归结果，我们可以看出，企业进口中间产品集约边际的系数显著为负，而扩展边际的系数显著为正，表明进口中间产品的集约边际与企业出口质量呈负相关关系，扩展边际与企业出口质量呈显著正相关关系，即中间产品进口的扩展边际会显著促进企业出口质量的提升，集约边际的增长在一定程度上会阻碍企业出口质量的提升。通过比较列（1）~列（4）的系数值，我们发现随着年份、行业以及省域固定效应的依次加入，扩展边际的系数值在不断增大，而且保持在1%的显著性水平通过检验，显著性稳健，这表明在企业自身属性特征影响逐渐被控制的情况下，进口中间产品的扩展边际对企业出口质量的促进提升会越发显著。列（5）~列（6）的回归中，在加入了企业其他解释变量之后，进口中间产品进口的二元边际系数值方向和显著性保持不变，人力资本水平、研发密度、技能培训投入、资本密集度以及企业规模的系数都显著为正，表明这些变量在进口中间产品促进企业出口质量提升的过程都发挥正向作用，其中人力资本水平和研发密度的系数值最大，表明它们对企业出口质量的促进提升作用最大。资本密集度的系数值在两列回归中都显著为正，这与斯科特（2004），李坤望等（2013）的研究结论一致，即表明资本密集度对企业出口质量存在正向影响。企业规模的系数值显著为正，这也验证了库格勒和伍霍根（2012）的结论，即企业规模与企业出口产品质量呈正相关关系，企业规模越大，越易于生产并出口高质量产品。

表 7－14　　基准模型回归结果

	被解释变量：企业出口质量 *Qua*					
	(1)	(2)	(3)	(4)	(5)	(6)
ln*IM*	−0.0320 ** (−2.81)	−0.0328 ** (−2.89)	−0.0258 * (−2.30)	−0.0202 (−1.80)	−0.104 *** (−7.56)	−0.0713 *** (−5.29)
ln*EX*	0.101 *** (6.46)	0.0993 *** (6.36)	0.116 *** (7.59)	0.134 *** (8.64)	0.0550 ** (2.95)	0.0930 *** (4.94)
ln*Human*					0.753 *** (19.32)	0.548 *** (12.95)
RD					0.658 *** (5.05)	0.584 *** (4.47)
Educ					0.0961 ** (3.00)	0.0804 * (2.56)
ln*KL*					0.345 *** (14.19)	0.165 *** (6.74)
ln*Size*					0.0961 ** (2.97)	0.149 *** (4.77)
Year FE	No	Yes	Yes	Yes	No	Yes
Industry FE	No	No	Yes	Yes	No	Yes
Province FE	No	No	No	Yes	No	Yes
_*cons*	4.329 *** (30.55)	2.928 *** (5.43)	1.188 * (2.23)	0.810 (0.29)	1.387 *** (5.30)	−1.216 (−0.36)
R^2	0.003	0.005	0.200	0.210	0.042	0.224
N	97470	97470	97470	97469	70597	70596

注：*、**、*** 分别表示 10%，5%，1% 的显著水平。回归系数下方括号内数值为对应估计的 $t(z)$ 统计量。

基准模型的回归结果已经表明，中间产品进口的扩展边际会显著促进企业出口质量的提升，这一结论也喻示了进口中间产品除了对企业生产率存在技术溢出效应外，同样对企业出口质量存在一定的技术溢出效应。那么，进口中间产品的集约边际和扩展边际所蕴含的先进技术工艺、高质量以及价格效应也需要与企业自身的人力资本、研发创新活动相结合才能得以充分发挥出来。因此，我们通过将进口中间产品的集约边际和扩展边际分别与企业人力资本、研发密度生成交互项，以考察中间产品进口的集约边际和扩展边际的技术溢出效应。

表 7－15 报告了加入进口中间产品的集约边际和扩展边际分别与企业人力资本、研发密度的交互项之后的面板回归结果，所有的回归都控制了年份、行业、省域的固定效应。其中，列（1）仍为基准回归结果，列（2）~列（4）是依次加入集约边际和扩展边际与企业人力资本水平和研发密度的交互项的回归结果。通过观测各变量的系数值，我们可以得出，基准模型中集约边际的系数显著为负，而在列（2）加入交互项后，集约边际的系数值变为显著为正，这似乎说明，在技术溢出效应被发挥的情况下，进口中间产品的集约边际本身对企业出口质量也存在正向提升作用。扩展边际的系数仍显著为正，表明扩展边际本身对企业出口质量的促进提升作用较为显著稳健，不受影响。人力资本水平的系数显著为正，且系数值最大，而人力资本与集约边际的交互项系数显著为负，这说明人力资本自身与企业出口质量存在显著正相关关系，而中间产品进口的集约边际与人力资本结合对企业出口质量的溢出效应并不显著。研发密度的系数显著为负，而集约边际与研发密度的交互项系数则显著为正，这说明企业自身的“原始创新”并无法显著提升企业出口质量，可能是因为我国制造业企业在原始自主创新上并不具备独特优势。但与进口中间产品集约边际的相互结合促进了企业出口质量的提升，可能的原因在于进口中间产品带来了国外先进技术和工艺，国内制造业企业通过模仿和学习逐渐提升自身创新能力，从而促进企业出口质量的提升。

表 7－15　　中间产品进口二元边际的技术溢出效应的检验结果

	被解释变量：企业出口质量 *Qua*			
	(1)	(2)	(3)	(4)
ln*IM*	－0.0713*** (－5.29)	0.113* (2.27)	－0.0708*** (－5.25)	0.135** (2.69)

续表

	被解释变量：企业出口质量 *Qua*			
	(1)	(2)	(3)	(4)
ln*EX*	0. 0930 *** (4. 94)	0. 0937 *** (4. 99)	-0. 0496 (-0. 85)	-0. 0768 (-1. 30)
ln*Human*	0. 548 *** (12. 95)	1. 368 *** (6. 36)	0. 401 *** (5. 65)	1. 299 *** (5. 98)
RD	0. 584 *** (4. 47)	-5. 713 *** (-5. 66)	0. 171 (1. 05)	-11. 14 *** (-5. 75)
Educ	0. 0804 * (2. 56)	0. 0798 * (2. 54)	0. 0784 * (2. 50)	0. 0781 * (2. 49)
ln*KL*	0. 165 *** (6. 74)	0. 165 *** (6. 73)	0. 165 *** (6. 72)	0. 165 *** (6. 74)
ln*Size*	0. 149 *** (4. 77)	0. 151 *** (4. 84)	0. 148 *** (4. 71)	0. 149 *** (4. 75)
ln*Human* × ln*IM*		-0. 0682 *** (-3. 90)		-0. 0772 *** (-4. 38)
RD × ln*IM*		0. 646 *** (6. 30)		1. 271 *** (5. 87)
ln*Human* × ln*EX*			0. 0497 * (2. 54)	0. 0612 ** (3. 09)
RD × ln*EX*			0. 224 *** (4. 08)	-0. 379 ** (-3. 28)
Year FE	Yes	Yes	Yes	Yes
Industry FE	Yes	Yes	Yes	Yes
Province FE	Yes	Yes	Yes	Yes
_cons	-1. 216 (-0. 36)	-3. 416 (-1. 00)	-0. 791 (-0. 23)	-3. 155 (-0. 92)
R^2	0. 224	0. 225	0. 224	0. 225
N	70596	70596	70596	70596

注：*、**、*** 分别表示 10%，5%，1% 的显著水平。回归系数下方括号内数值为对应估计的 $t(z)$ 统计量。

列（3）与列（2）的情况不同的是，在加入了扩展边际与人力资本和研发密度的交互项之后，扩展边际系数变得并不显著，而与人力资本和研发密度的交叉项系数显著为正，这表明进口中间产品的种类与企业自身人力资本和研发密度相结合对企业出口质量的促进提升作用，远远大于比扩展边际自身的促进作用。

在列（4）中同时考虑了二元边际与企业人力资本、研发密度的交互项，我们看到，集约边际的系数显著为正，扩展边际的系数并不显著。集约边际与人力资本的交互项系数显著为负，与研发密度的交互项显著为正；而扩展边际与人力资本的交互项系数显著为正，与研发密度的交互项系数显著为负。这说明，相较于人力资本，集约边际与企业研发密度相结合更易于提升企业出口质量；而相较于研发密度，扩展边际与企业人力资本相结合更容易促进企业出口质量的提升。而在以上四列的回归中，技能培训投入、资本密集度和企业规模的系数都保持了显著为正，这进一步验证了基准模型的回归结论。

基于我们对中间产品进口的集约边际和扩展边际的技术溢出效应的检验结果，我们可以得出如下结论：对于企业而言，进口中间产品单纯的贸易额的增长，无法直接显著促进出口质量的提升，需依赖与研发密度相结合发挥溢出效应；而进口中间产品种类的增长，不仅可以直接通过多样性效应促进企业出口质量的提升，还可以通过与企业人力资本结合发挥技术或质量转移效应。另外，企业技能培训投入、资本密集度、企业规模等因素对企业出口质量的影响也是不容忽视的。

7.3.3　稳健性检验

7.3.3.1　工具变量回归

通过前面的计量检验，我们得出了进口中间产品的扩展边际与企业出口质量之间存在显著的正相关关系，即进口的扩展会显著促进企业出口质量的提升。但是，进口种类与企业出口质量之间可能存在一定程度双向因果关系，因此在计量检验的过程中，还必须考虑两者之间可能存在内生性问题。伍德里奇（2010）认为采用工具变量（Instrument Variables）回归方法可以减轻内生性问题，他还提出了工具变量的选取需要满足两个条件：一是工具变量与内生变量高度相关；二是工具变量严格外生。

根据前面提出的企业层面进口二元边际的概念和计算方法，中间产品进口的集约边际是企业进口的平均贸易额，通过企业总的进口贸易额除以进口产品种类得到，扩展边际则是企业进口中间产品的种类。在这里，我们选取企业层面进口中间产品的关税水平作为工具变量。进口中间产品关税水平与进口中间产品的种类密切相关，而与企业出口质量无关，充分满足工具变量的条件。

我们借鉴巴斯和斯特劳斯·卡恩（2013）的方法，计算企业层面进口中间产品平均关税水平：首先从 WITS 数据库获得中国进口产品层面的 2002 ~ 2006 年 HS 编码关税税率，并通过 HS 编码和 BEC 编码将关税税率合并到中国工业企业数据库和海关数据库的匹配数据中。然后，将企业进口每一种中间产品的关税税率进行加总，除以进口中间产品的种类，得到企业层面进口中间产品的平均关税水平。

表 7 – 16 报告了企业进口中间产品的关税水平与进口中间产品种类（扩展边际）的回归结果，控制了行业、年份固定效应。表 7 – 16 中的企业平均进口关税水平的系数显著为负，表明企业进口中间产品关税水平与进口中间产品贸易额和种类呈显著负相关关系，即平均关税税率越高，企业进口中间产品的种类就越少。这一结果验证了企业层面进口中间产品关税水平是一个非常有效的工具变量。

表 7 – 16　企业进口的关税水平与进口中间产品扩展边际的回归结果

被解释变量：	ln*EX*
	(1)
aver_tariff	–0.211*** (–181.42)

续表

被解释变量:	ln*EX*
	(1)
Year FE	Yes
Industry FE	Yes
_cons	4.445 *** (49.21)
R^2	0.418
N	97470

注：*、**、*** 分别表示 10%，5%，1% 的显著水平。回归系数下方括号内数值为对应估计的 $t(z)$ 统计量。

表 7－17 报告了采用企业进口中间产品的关税水平作为工具变量的回归结果，这里使用 2sls，即两阶段回归方法。其中，列（1）和列（3）是面板回归结果，以便于比较；而列（2）和列（4）则是工具变量估计结果。观测表 7－17 中系数，我们可以看到，列（2）中集约边际的系数显著为负，扩展边际的系数显著为正，这与之前的实证结论一致。在加入其他解释变量的后两列回归中，集约边际的系数保持显著为负，扩展边际的系数保持显著为正，尽管在列（4）中显著性有所减弱。其他解释变量如人力资本、研发密度、技能培训投入、资本密集度和企业规模的系数一直保持显著为正，而在工具变量估计中各变量系数值更大。斯泰格和斯塔克（1997）提出，工具变量与内生变量相关性的强弱会影响估计和推断的一致性，因此我们在采用 2sls 方法回归时，可以通过报告第一阶段的 F 统计值，来判断是否存在弱工具变量问题。通常情况，我们认为 F 统计值大于 10 则说明工具变量有效，不存在弱工具变量问题。在第一阶段的回归结果中①，模型（2）和模型（4）的 F 统计值分别为 1358.85 和 1278.89，它们的值都大于 10，所以企业层面进口关税水平是中间产品进口种类的强工具变量。

① 第一阶段的回归结果不再一一列出，如果需要可向作者索取。

表 7 - 17　　采用工具变量的回归结果（2sls）

	被解释变量：企业出口质量 *Qua*			
	（1）面板回归	（2）IV 估计	（3）面板回归	（4）IV 估计
ln*IM*	-0.0202 (-1.80)	-0.114 *** (-8.67)	-0.0713 *** (-5.29)	-0.166 *** (-10.77)
ln*EX*	0.134 *** (8.64)	0.390 *** (14.82)	0.0930 *** (4.94)	0.0791 * (2.29)
ln*Human*			0.548 *** (12.95)	1.669 *** (27.93)
RD			0.584 *** (4.47)	0.829 *** (3.36)
Educ			0.0804 * (2.56)	0.168 *** (3.80)
ln*KL*			0.165 *** (6.74)	0.197 *** (7.81)
ln*Size*			0.149 *** (4.77)	0.260 *** (8.51)
Year FE	Yes	Yes	Yes	Yes
Industry FE	Yes	Yes	Yes	Yes
Province FE	Yes	Yes	Yes	Yes
_cons	0.810 (0.29)	0.397 (0.07)	-1.216 (-0.36)	-3.945 (-0.74)
R^2	0.210	0.220	0.224	0.234
N	97469	97469	70596	70596

注：*、**、*** 分别表示 10%，5%，1% 的显著水平。回归系数下方括号内数值为对应估计的 $t(z)$ 统计量。

7.3.3.2　分样本检验

工具变量回归结果验证了基准模型的计量结果的稳健，那么企业自身属性，如贸易方式、企业规模类别、企业所有制关系、企业所处行业以及所在区域是否会对企业进口中间产品的二元边际与企业出口质量之间的相关关系产生影响呢？在本节中，我们将按照不同的分类标准进行分样本检验，以期得到较为丰富的实证结论。

1. 贸易方式

首先，我们按照企业贸易方式，将企业分为一般贸易和加工贸易。其中，一般贸易包括海关数据库中的一般贸易和边境小额贸易样本；而加工贸易则包括出料加工贸易、进料加工贸易、来料加工装配进口的设备和来料加工装配贸易。

表7-18报告了按照贸易方式划分的分样本检验结果，其中模型（1）~模型（3）是一般贸易样本的回归结果，模型（4）~模型（6）是加工贸易样本的回归结果。分样本的回归结果与全样本的回归结果基本一致。比较两个分样本的回归系数，我们发现，无论是在面板回归中还是在IV估计中，从事加工贸易的企业进口中间产品的扩展边际的系数值大于一般贸易样本，这表明进口中间产品的扩展边际对企业出口质量的促进提升作用在加工贸易企业更为显著，这可能是因为从事加工贸易的企业更易吸收消化进口中间产品新种类带来的溢出效应。在两个分样本中，进口中间产品的集约边际系数显著为负，进一步验证了全样本的结论。

人力资本、研发密度和企业规模在两个分样本中都较为显著，表明人力资本、研发密度和企业规模与企业出口质量之间的相关关系基本不受企业贸易方式的影响。但是，技能培训投入和资本密集度的系数只在加工贸易企业显著为正，这可能是因为加工贸易企业经常性的参与国外企业生产过程中的加工装配环节，对员工的技能进行定期培训提升，并注重资本投入有利于生产出高质量的加工产品。

表7-18　按照贸易方式划分的分样本回归结果

	被解释变量：企业出口质量 *Qua*					
贸易方式	一般贸易			加工贸易		
	（1）IV估计	（2）面板回归	（3）IV估计	（4）IV估计	（5）面板回归	（6）IV估计
ln*EX*	0.569*** (9.94)	0.100** (2.60)	0.167* (2.20)	0.406*** (15.79)	0.172*** (9.27)	0.177*** (5.00)

续表

	被解释变量：企业出口质量 *Qua*					
贸易方式	一般贸易			加工贸易		
	（1）IV 估计	（2）面板回归	（3）IV 估计	（4）IV 估计	（5）面板回归	（6）IV 估计
ln*IM*	-0.147 *** (-5.50)	-0.0993 *** (-3.73)	-0.146 *** (-4.86)	-0.0524 *** (-3.37)	-0.00977 (-0.62)	-0.126 *** (-6.55)
ln*Human*		0.992 *** (10.58)	1.757 *** (14.82)		0.273 *** (7.30)	1.093 *** (17.13)
RD		0.640 *** (3.50)	0.583 (1.89)		1.618 *** (-3.58)	2.650 ** (2.87)
Educ		0.0958 (1.94)	0.112 (1.84)		0.168 *** (3.33)	0.352 *** (3.89)
ln*KL*		0.0123 (0.24)	-0.0934 (-1.77)		0.185 *** (8.10)	0.289 *** (11.11)
ln*Size*		0.179 ** (3.22)	0.297 *** (5.42)		0.165 *** (5.13)	0.212 *** (5.97)
Year FE	Yes	Yes	Yes	Yes	Yes	Yes
Industry FE	Yes	Yes	Yes	Yes	Yes	Yes
Province FE	Yes	Yes	Yes	Yes	Yes	Yes
_cons	4.404 * (2.45)	-0.149 (-0.00)	0.595 (0.29)	-0.458 (-0.11)	-1.558 (-0.63)	-3.770 (-0.95)
R^2	0.195	0.203	0.207	0.231	0.231	0.244
N	37426	27488	27488	51988	37472	37472

注：*、**、*** 分别表示10%，5%，1%的显著水平。回归系数下方括号内数值为对应估计的 $t(z)$ 统计量。

2. 企业所有制关系

通常情况下，一些消费者会倾向于信赖外资品牌和国有品牌。那么，企业所有权是否真的会对企业进出口行为造成较大影响呢？我们按照企业的登记注册类型，将企业划分为国有企业、私营企业和外资企业，其中外资企业包括外商独资企业、中外合资企业以及中外合作企业。

表7－19报告了按企业所有权关系划分的分样本回归结果。比较分样本中的系数，我们可以得出，进口中间产品的扩展边际与企业出口质量之间的正相关关系，在三个分样本中都为正，而在外资企业样本最为显著，可能是因为外资企业在吸收消化进口中间产品的技术溢出方面存在一定的优势。人力资本的系数在三个分样本中也保持显著为正，表明不同所有权关系的企业都较为重视人力资本在生产高质量产品过程中的重要作用。研发密度的系数在国有企业和外资企业样本中保持显著为正，而在私营企业样本中并不显著，可能是私营企业受限于企业融资问题，资金多用于扩大生产规模，研发创新投入较少。技能培训投入的系数在私营企业较为显著，而在国有企业和外资企业都不显著，这表明私营企业更注重对在岗员工的技能培训进行投入，可能是为了弥补研发投入的不足对企业出口质量造成的影响。资本密集度在三个分样本中都较为显著，但是企业规模的系数仅在国有企业样本中显著为正，在私营企业和外资企业中并不显著，这表明我国制造业国有企业仍处在以规模促进产品质量提升的阶段，还未能进入精细化的高端制造、高质量生产的阶段。

表7－19　　按照企业所有制关系划分的分样本回归结果

	被解释变量：企业出口质量 *Qua*					
所有制关系	国有企业		私营企业		外资企业	
	(1) 面板回归	(2) IV估计	(3) 面板回归	(4) IV估计	(5) 面板回归	(6) IV估计
ln*IM*	−0.0180 (−0.35)	−0.0275 (−0.47)	−0.0573 (−1.64)	−0.0484 (−1.14)	−0.101*** (−4.34)	−0.182*** (−7.06)
ln*EX*	0.237** (2.82)	0.0511 (0.29)	0.118 (1.89)	0.179 (1.22)	0.218*** (6.89)	0.253*** (4.20)
ln*Human*	0.943*** (4.04)	1.843*** (6.69)	0.839*** (5.27)	1.585*** (7.09)	0.638*** (9.82)	1.800*** (20.01)
RD	6.520* (2.40)	10.50** (3.06)	0.0706 (0.47)	−0.0559 (−0.17)	2.632* (2.46)	8.243*** (4.92)

续表

	被解释变量：企业出口质量 *Qua*					
所有制关系	国有企业		私营企业		外资企业	
	(1) 面板回归	(2) IV估计	(3) 面板回归	(4) IV估计	(5) 面板回归	(6) IV估计
Educ	-0.0816 (-0.41)	-0.161 (-0.61)	0.190 (1.69)	0.932*** (4.91)	0.0472 (1.13)	0.0523 (0.91)
ln*KL*	0.288* (2.40)	0.373** (3.10)	0.0292 (0.36)	0.196* (2.25)	0.0991* (2.57)	0.115** (2.91)
ln*Size*	0.153 (1.28)	0.235* (2.02)	-0.0758 (-0.74)	-0.0831 (-0.83)	-0.0192 (-0.38)	0.0789 (1.44)
Year FE	Yes	Yes	Yes	Yes	Yes	Yes
Industry FE	Yes	Yes	Yes	Yes	Yes	Yes
Province FE	Yes	Yes	Yes	Yes	Yes	Yes
_cons	-9.998 (-1.88)	-2.264 (-0.90)	28.80*** (3.44)	2.286 (0.80)	5.566 (0.68)	1.311 (0.16)
R^2	0.264	0.265	0.275	0.284	0.194	0.204
N	5502	5502	7402	7402	31784	31784

注：*、**、*** 分别表示10%，5%，1%的显著水平。回归系数下方括号内数值为对应估计的 $t(z)$ 统计量。

3. 企业所处区域

我们发现，由于存在一定的地理区位优势，东部沿海城市的出口企业数量远多于中西部城市。那么，在生产产品的质量问题上，是否也存在一定的区域性差异特征？我们依据企业所处的省域代码，将企业分为东部、中部和西部三个样本。其中，东部地区包括北京市、天津市、河北省、辽宁省、上海市、江苏省、浙江省、福建省、山东省、广东省、广西壮族自治区、海南省；中部地区包括山西省、内蒙古自治区、吉林省、黑龙江省、安徽省、江西省、河南省、湖北省、湖南省；西部地区包括重庆市、四川省、贵州省、云南省、陕西省、西藏自治区、甘肃省、宁夏回族自治区、青海省以及新疆维吾尔自治区。

表7－20报告了按区域划分的分样本回归结果。通过观测各个分样本的系数值，我们发现，相较于中西部企业样本，东部地区的企业样本的解释变量系数更为显著稳健。具体而言，进口中间产品的扩展边际在东部企业显著为正，但在中西部企业则表现为不显著。人力资本和研发密度的系数在三个样本中都保持显著为正，但技能培训投入和资本密集度仅在东部地区企业样本中显著为正，企业规模的系数在东部和中部地区企业样本中显著为正，但在西部企业中并不显著。这些回归结果表明，相较于中西部地区，东部地区的企业在吸收消化进口中间产品对企业出口质量的溢出效应时具有明显的优势，这可能是因为东部地区企业由于地处沿海地带，可以优先接触国外先进技术，积极参与国际市场竞争，因此自身异质性优势显著，更易于充分利用内部和外部条件，生产出高质量产品。

表7－20　　按所处区域划分的分样本回归结果

	被解释变量：企业出口质量 *Qua*					
所处区域	东部		中部		西部	
	（1）面板回归	（2）IV估计	（3）面板回归	（4）IV估计	（5）面板回归	（6）IV估计
ln*EM*	－0.0788*** （－5.69）	－0.173*** （－10.94）	0.0110 （0.15）	0.106 （1.25）	－0.0754 （－0.70）	－0.231 （－1.75）
ln*EX*	0.0835*** （4.48）	0.0434 （1.35）	0.222 （1.91）	－0.218 （－0.69）	－0.0316 （－0.17）	0.594 （1.78）
ln*Human*	0.593*** （14.00）	1.848*** （31.20）	0.599* （2.28）	1.489*** （4.00）	1.280** （2.72）	1.179* （2.12）
RD	0.592*** （4.62）	0.832*** （3.40）	6.737 （1.66）	7.293 （1.73）	2.888 （0.45）	18.81** （2.78）
Educ	0.113*** （3.42）	0.267*** （5.47）	0.0270 （0.23）	－0.00257 （－0.02）	－0.395 （－1.38）	－0.573 （－1.43）
ln*KL*	0.226*** （9.23）	0.296*** （11.94）	－0.0357 （－0.23）	－0.0697 （－0.42）	－0.139 （－0.54）	－0.377 （－1.51）

续表

	被解释变量：企业出口质量 *Qua*					
所处区域	东部		中部		西部	
	（1）面板回归	（2）IV 估计	（3）面板回归	（4）IV 估计	（5）面板回归	（6）IV 估计
ln*Size*	0.0906 ** (2.83)	0.271 *** (8.78)	0.364 * (2.32)	0.513 *** (3.44)	−0.172 (−0.68)	−0.115 (−0.55)
Year FE	Yes	Yes	Yes	Yes	Yes	Yes
Industry FE	Yes	Yes	Yes	Yes	Yes	Yes
_cons	0.269 (0.28)	−3.202 ** (−2.92)	−2.219 (−1.26)	−4.371 * (−2.49)	0.774 (0.32)	1.407 (0.62)
R^2	0.219	0.228	0.226	0.233	0.217	0.230
N	66664	66664	2597	2597	1336	1336

注：*、**、*** 分别表示 10%，5%，1% 的显著水平。回归系数下方括号内数值为对应估计的 $t(z)$ 统计量。

4. 行业要素禀赋

在产业层面的稳健性检验中，我们检验发现不同的行业要素禀赋会对进口中间产品二元边际与行业出口质量的相关关系产生差异化影响，那么深化到企业层面也会存在差异化的影响吗？在这里，我们仍参考盛斌（2002）的划分标准，将 28 个制造业细分行业划分为劳动密集型行业、资本密集型行业和资本及技术密集型行业。

表 7－21 报告了按照所处行业的要素禀赋划分的分样本回归结果。观测比较分样本的系数值，我们发现：在劳动密集型行业，进口中间产品的集约边际系数显著为正，而扩展边际的系数在 IV 估计中显著为正，这表明在劳动密集型行业，企业进口中间产品的集约边际对企业出口质量的促进提升作用比扩展边际更为显著。而人力资本的系数在资本密集型行业和技术密集型行业显著为正，但在劳动密集型行业并不显著，这表明人力资本对企业出口质量的提升作用在劳动密集型行业并不明显，这可能是因为我国制造业的劳动密集型行业生产的都是技术含量较低的低端产品，对人力资本的要求也相

应较低；技能培训投入系数仅在技术密集型行业显著为正；资本密集度在劳动密集型行业和技术密集型行业显著为正，但在资本密集型行业并不显著，可能是资本密集型行业本身的特征降低了资本密集度对出口质量的重要性；企业规模的系数仅在资本密集型行业的显著为正且较为稳健，这说明企业规模对企业出口质量的促进作用在资本密集型行业最为显著。

表 7－21　　按照企业所处行业的要素禀赋划分的分样本回归结果

	被解释变量：企业出口质量 *Qua*					
要素禀赋	劳动密集型行业		资本密集型行业		技术密集型行业	
	（1）面板回归	（2）IV 估计	（3）面板回归	（4）IV 估计	（5）面板回归	（6）IV 估计
ln*IM*	0.0871*** (6.08)	0.215*** (12.66)	−0.109*** (−5.32)	−0.209*** (−8.52)	−0.229*** (−8.20)	−0.619*** (−19.00)
ln*EX*	−0.0601** (−2.94)	0.0961* (2.21)	0.0160 (0.56)	−0.159** (−2.98)	0.0937* (2.47)	0.275*** (4.24)
ln*Human*	−0.0367 (−0.81)	−0.0884 (−1.29)	0.149* (2.33)	0.594*** (6.05)	1.099*** (12.85)	3.832*** (31.53)
RD	0.617 (0.84)	3.329* (2.46)	2.388 (1.63)	7.691** (3.25)	0.582*** (3.39)	0.607 (1.77)
Educ	−0.0206 (−0.44)	−0.0228 (−0.27)	−0.0380 (−0.91)	−0.100 (−1.53)	0.135* (2.22)	0.308*** (3.65)
ln*KL*	0.114*** (4.67)	0.202*** (8.34)	−0.0456 (−1.22)	−0.0382 (−0.96)	0.394*** (7.69)	0.528*** (9.90)
ln*Size*	−0.0486 (−1.39)	−0.299*** (−8.24)	0.295*** (5.94)	0.577*** (12.01)	−0.0228 (−0.36)	0.323*** (5.11)
Year FE	Yes	Yes	Yes	Yes	Yes	Yes
Province FE	Yes	Yes	Yes	Yes	Yes	Yes
_cons	0.837 (0.43)	−1.566 (−0.50)	1.058 (0.40)	6.301*** (3.73)	−1.998 (−0.00)	0.678 (0.20)
R^2	0.039	0.040	0.026	0.029	0.074	0.091
N	19911	19911	21838	21838	28847	28847

注：*、**、*** 分别表示 10%，5%，1% 的显著水平。回归系数下方括号内数值为对应估计的 $t(z)$ 统计量。

7.4 本章小结

在这一章，我们分别基于中国制造业细分行业层面贸易数据和微观企业层面，对中间产品进口的二元边际与行业和企业出口质量之间的相关关系进行了详尽的实证分析。

在行业层面，我们采取将主要解释变量滞后一期的方法，考察了行业层面进口中间产品二元边际对行业出口质量的影响，研究结果与跨国检验相似，我们发现中间产品进口的集约边际与制造业细分行业出口质量呈显著负相关关系，而扩展边际与行业出口质量呈显著正相关关系，这同样说明行业层面进口中间产品单纯量的增长并不是显著提升行业出口质量的有效途径，而扩展边际的增长才是真正提升行业出口质量的路径选择。另外，行业层面的人力资本和研发密度对企业出口质量存在正向影响，但是资本密集度的影响为负。我们通过生成交叉项验证了进口中间产品的技术溢出效应的存在，并调整样本周期和行业要素禀赋进行分样本检验，进一步证明实证结论的稳健性。

在企业层面，我们采用2002～2006年中国制造业工业企业数据与海关数据库的匹配数据，计量分析企业层面进口中间产品的二元边际对企业出口质量的影响，研究发现企业层面中间产品进口的扩展边际，即进口的新产品种类显著促进企业出口质量的提升。为了缓解可能存在的内生性问题，我们采用企业层面的进口关税平均水平作为工具变量，进行工具变量回归，验证了之前的实证结论。另外，企业的人力资本、研发密度、技能培训投入、资本密集度以及企业规模都与企业出口质量呈显著正相关关系。考虑到企业自身属性对中间产品进口二元边际与出口质量之间的相关关系产生影响，我们从企业贸易方式、所有权关系、所处区域以及所处行业要素禀赋四个方面进行分样本稳健性检验，主要实证结论较为稳健。

本章的研究结论为我国制造业行业层面和企业层面进口中间产品，促进出口质量提升提供了新的视角和思考角度，并为后续的政策建议提供了实证支撑。

第 8 章

结论与政策建议

本书描述了我国中间产品进口的现状及二元边际特征，并采用相对质量测度方法对中国制造业出口质量进行测度和国际比较，然后基于德米尔（2013）的理论模型推导总结出了中间产品进口二元边际影响中国制造业出口质量的作用机理，从跨国检验和中国证据两个方面进行了实证分析，得出了较为丰富的结论。本章将对全书研究得出的结论进行简要概括和总结，并依据结论提出相关中间产品进口，以及促进中国制造业出口质量提升的政策建议。

8.1 主要研究结论

具体而言，我们通过理论分析、统计描述与实证分析相结合，得到了以下研究结论：

第一，从弗洛姆和赫尔普曼（1987）的南北贸易模型到德米尔（2013）理论模型，本书通过分析梳理涉及相关产品质量差异和中间产品技术溢出模型，发掘出中间产品进口与企业出口质量之间的相关关系，并逐步推导出中间产品进口二元边际促进企业产品质量提升的作用机理：企业中间产品进口的扩展边际会为企业带来新的进口中间产品种类，不同质量水平的中间产品可以通过互补效应和质量转移效应，提高企业生产效率，从而提升企业产品质量；而中间产品进口的集约边际，由于是原有中间产品种类的持续进口，容易造成互补效应和质量转移效应的减弱，难以满足企业生产高质量产品时对多样化质量水平的中间产品的需求，一定程度上不利于企业提升产品质量。

第二，本书采用经济大类分类标准即 BEC 分类方法，基于 CEPII - BACI 数据库，对 1998 ~2012 年中国进口中间产品的现状及二元边际特征进行了详细描述。在进口规模方面，从 1998 ~2012 年，我国中间产品进口占进口贸易总额的比例逐年上升，占比常年一直保持在 60% 以上，这说明中间产品进口已经成为我国进口贸易的重要组成部分。在中间产品进口结构方面，我们发现初级中间产品的进口比例增长迅速，零配件的进口比例在不断下滑，但净进口量在 2004 年后保持了增长态势；半成品的进口比例有所下降。考察我国中间产品进口来源地时，发现从各来源地向我国出口中间产品的份额占比来看，美国、日本和欧盟等主要贸易伙伴同时是我国中间产品的主要进口来源地，其中日本所占份额最大。根据艾默格·帕切科和皮尔拉（2008）及钱雪峰（2010）等人提出的二元边际定义方法，我们测度发现从 1999 ~2005 年中间产品进口的二元边际虽然各有增长，但增速较为平缓，但是 2005 年后中间产品进口二元边际的波动明显，扩展边际呈现出先下降后迅猛上升的态势，而集约边际开始加速增长。

第三，为了剖析我国制造业出口质量状况，我们基于掌握的 BACI 贸易数据，采用产品相对出口单位价值测度中国制造业出口产品相对质量的变化。统计发现，在出口规模方面，低质量产品的出口总额远大于高质量产品的出口总额，差距明显。我们参照国际标准产业分类（ISIC）将制造业细分为 23 个子行业，并拓展了李坤望和王有鑫（2013）的计算公式，测度中国制造业细分的相对质量，发现从整体质量均值来看，中国制造业的出口质量呈下降趋势；从变动趋势来看，自 2001 年之后，中国制造业出口质量开始呈现大幅度下降，这说明大量低质量产品在加入世贸组织之后从我国涌向了世界市场。为了进一步了解中国制造业出口质量在国际市场上所处的地位，我们按照经济发展水平和一定的地理区位属性，选取了四组出口样本：新兴经济体、东盟国家、欧盟国家和其他出口大国，将中国制造业细分行业质量与这些样本的制造业细分行业质量进行比较。比较发现我国制造业出口质量在国际市场上处于较低的质量水平，除了在一些劳动密集型行业外，在大部分资本密集型行业和技术密集型行业出口质量低于欧盟国家、新兴经济体和其他出口大国，与东盟国家的出口质量差距最小，但在一些行业出口质量低于新加坡和马来西亚等。这也说明了，我国制造业出口质量水平在国际市场上明显不占优势，提升出口质量成为刻不容缓的任务。

第四，本书基于跨国面板数据，对一国中间产品进口的二元边际与制造业出口质量之间的相关关系进行了实证分析，同时考虑了人均收入、研发投入、外资流入等因素的影响。实证结果表明，中间产品进口的集约边际与制造业出口质量呈显著负相关关系，而扩展边际与制造业出口质量呈显著正相关关系，这说明进口中间产品单纯量的增长并不能显著提升制造业出口质量，更多新产品种类和新来源地才能起到促进提升出口质量的作用。人均收入、研发投入和外资流入与出口质量呈显著正相关关系，表明人均收入越高，研发投入比例越高，外资流入越多，越能提升本国制造业出口质量。中间产品进口的二元边际与研发投入和人力资本的交叉项系数都显著为正，这验证了进口中间产品对出口质量的技术溢出效应，但集约边际和扩展边际的技术溢出效应之间存在差异。为了减轻内生性问题，我们采用滞后一期的解释变量作为工具变量，进行工具变量回归方法，得出的结论依然稳健。我们的研究结论为各国进口中间产品提供一个新的导向：由注重进口额的增长转向注重引进新产品种类和拓展新的贸易关系。另外，人均收入、研发投入、外资流入和人力资本等因素对制造业出口质量的影响不容小觑。

第五，本书基于中国制造业细分行业层面贸易数据，对中间产品进口的二元边际与中国制造业细分行业出口质量之间的相关关系进行了实证分析，研究发现中间产品进口的集约边际与制造业细分行业出口质量呈显著负相关关系，而扩展边际与行业出口质量呈显著正相关关系，这同样说明行业层面进口中间产品单纯量的增长并不是显著提升行业出口质量的有效途径，而扩展边际的增长才是真正提升行业出口质量的路径选择。

第六，本书基于中国制造业工业企业数据与海关数据库的匹配数据，从企业层面计量分析进口中间产品的二元边际对企业出口质量的影响，研究发现企业层面中间产品进口的扩展边际，即进口的新产品种类显著促进企业出口质量的提升。针对内生性问题，我们采用企业层面的进口关税平均水平作为工具变量，进行工具变量回归，实证结论依然显著。另外，企业的人力资本、研发密度、技能培训投入、资本密集度以及企业规模都与企业出口质量呈显著正相关关系。考虑到企业自身属性对中间产品进口二元边际与出口质量之间的相关关系产生影响，我们从企业贸易方式、所有权关系、所处区域以及所处行业要素禀赋四个方面进行分样本稳健性检验，发现在加工贸易企业、外资企业、处于东部区域的企业、处于技术密集型行业的企业样本中中间产品进口的扩展边际对企业出口质量的促进提升作用最为显著。

8.2 政策建议

本书基于对我国中间产品进口的现状及二元边际特征、制造业出口质量的状况，以及实证结论，提出以下政策建议：

（1）合理优化我国中间产品的进口结构。我们通过理论和实证分析，已经证明了进口中间产品进口对我国制造业出口质量存在着极大的促进提升作用。但通过对我国中间产品进口结构进行剖析，发现初级中间产品进口的比例在不断增长，而零配件的进口比例呈下降趋势，半成品保持平稳。初级中间产品主要是经过初级加工的食物、矿石等原材料，技术含量较低，按行业分类主要属于劳动密集型行业。对初级中间产品进行精细加工的附加值不高，而且容易造成资源消耗和环境污染。而零配件和半成品则是我国制造业技术升级的重要国外来源。所以，我国在鼓励加大中间产品进口规模的同时，应该对初级中间产品的进口进行适度控制调节，控制好初级中间产品进口的种类和数量，适当加大零配件和半成品的进口种类。

（2）结合国内技术吸收能力水平，充分发挥中间产品进口的技术溢出效应。大量资本密集型以及技术密集型行的中间产品的进口，确实有助于国内制造业技术升级和产业结构优化，但是如果国内的劳动力质量无法与中间产品技术含量相匹配，资本和技术密集型中间产品的进口将会“挤出”一部分非熟练劳动力，降低就业和工资水平。因此，进口发达经济体的先进中间产品时，应考虑到国内劳动力的吸收能力，确保既能发挥我国制造业的生产潜力，又能与现有的劳动力技能水平相匹配，充分发挥出进口中间产品的技术溢出效应。

（3）持续开拓新的进口贸易关系和进口新的中间产品种类，减少单纯量的进口。我们实证结论表明，中间产品进口的扩展边际对制造业出口质量存在着显著的促进提升作用，这说明中间产品的新种类的进口可以非常有效地促进我国制造业出口质量的提升。因此，我国应该不断开拓新的贸易关系，进口国外新的技术含量高的中间产品，保持进口中间产品的更新换代。进口中间产品的更新换代可以为我国制造业的发展带来新的技术和新的附加值，有助于有效提升我国制造业出口质量，也有助于我国制造业技术升级和产业结构升级。而对于以往老的贸易关系，考虑到中间产品的技术溢出效应的弱化，应合理控制其贸易量的增长。

（4）加大研发投入和人力资本的培育，提高自主研发和人力资本水平。我们在进行中间产品进口二元边际与制造业出口质量的跨国检验和中国数据实证检验时，发现人力资本、研发投入、资本密集度等也是影响一国出口质量的重要因素，这些重要因素同时也会影响中间产品技术溢出效应的发挥。因此，进口中间产品固然非常重要，但是对于自身研发能力和人力资本的培育才能真正走向自主研发和自主创新的可持续发展的“智造”大国之路。在研发投入方面，应着重加大投资自主创新研发力度，减轻对外来技术的依赖性，争取早日创造出具有核心研发技术的民族品牌；在人力资本的培育方面，加大人力资本投资，增加熟练技能劳动力供给，提高我国整体的人力资本水平，争取早日走上制造业出口质量自主升级之路。

参 考 文 献

［1］鲍晓华、金毓：《出口质量与生产率进步：收入分配的影响力》，载于《财经研究》2013 年第 8 期。

［2］别成诚：《中国中间产品和资本品进口对制造业劳动生产率影响研究》，中南民族大学硕士论文，2013 年。

［3］曹亮、王书飞、徐万枝：《中间品进口能提高企业全要素生产率吗——基于倾向评分匹配的经验分析》，载于《宏观经济研究》2012 年第 8 期。

［4］成丹、赵放：《中国生产性服务贸易与中间产品贸易关系——基于行业面板数据的考察》，载于《国际经贸探索》2011 年第 11 期。

［5］陈勇兵、仉荣、曹亮：《中间品进口会促进企业生产率增长吗——基于中国企业微观数据的分析》，载于《财贸经济》2012 年第 3 期。

［6］陈勇兵、李伟、蒋灵多：《中国出口产品的相对质量在提高吗？——来自欧盟 HS-6 位数进口产品的证据》，载于《世界经济文汇》2012 年第 4 期。

［7］戴翔、张二震：《中间产品进口，出口多样化与贸易顺差——理论模型及对中国的经验分析》，载于《国际经贸探索》2010 年第 7 期。

［8］傅东平：《国际技术溢出与我国生产率的变化：基于 FDI 和进口渠道的研究》，载于《南方经济》2010 年第 3 期。

［9］胡小娟、龙国旗：《我国中间产品进口与经济增长的相关性分析》，载于《国际商务（对外经济贸易大学学报）》2008 年第 5 期。

［10］傅缨捷、丁一兵：《中间品进口与经济结构转型》，载于《世界经济研究》2014 年第 4 期。

［11］冯永琦、裴祥宇：《中国进口贸易结构变化与经济增长关系实证

研究》，载于《经济问题探索》2013 年第 10 期。

［12］高凌云、王洛林：《进口贸易与工业行业全要素生产率》，载于《经济学（季刊）》2010 年第 2 期。

［13］胡小娟、陈晓红：《我国中间产品贸易探析》，载于《国际经贸探索》2006 年第 5 期。

［14］李坤望、王有鑫：《FDI 促进了中国出口产品质量升级吗？——基于动态面板系统 GMM 方法的研究》，载于《世界经济研究》2013 年第 5 期。

［15］李坤望、蒋为、宋立刚：《中国出口产品品质变动之谜：基于市场进入的微观解释》，载于《中国社会科学》2014 年第 3 期。

［16］马涛：《中间产品贸易和直接投资、生产分割的关系——基于中国工业部门的研》，载于《国际贸易问题》2010 年第 1 期。

［17］马涛：《中间产品贸易，垂直专业化生产与 FDI 的关系：基于我国数据的协整分析》，载于《国际贸易问题》2009 年第 6 期。

［18］马风涛、李俊：《国际中间产品贸易的发展及其政策含义》，载于《国际贸易》2011 年第 9 期。

［19］孟娇：《中国中间产品进口对制造业劳动生产率影响研究》，湖南大学硕士论文，2010 年。

［20］刘伟丽、陈勇：《中国制造业的产业质量阶梯研究》，载于《中国工业经济》2012 年第 11 期。

［21］刘瑶：《中国制造业贸易的要素含量：中间产品贸易对测算的影响》，载于《经济评论》2011 年第 2 期。

［22］刘庆玉、熊广勤：《中间产品、工业化转型与中国经济增长》，载于《改革与战略》2011 年第 9 期。

［23］刘磊：《垂直专业化、中间产品进口与制造业国内技术含量》，载于《当代经济科学》2013 年第 5 期。

［24］刘瑞翔、姜彩楼：《中间产品贸易、不对称溢出与本土企业的技术升级——基于 2002－2007 年行业数据的实证研究》，载于《南方经济》2010 年第 12 期。

［25］钱学锋：《企业异质性、贸易成本与中国出口增长的二元边际》，

载于《管理世界》2008 年第 9 期。

[26] 钱学峰、熊平：《中国出口增长的二元边际及其因素决定》，载于《经济研究》2010 年第 1 期。

[27] 钱学锋、王胜、黄云湖：《进口种类与中国制造业全要素生产率》，载于《世界经济》2011 年第 5 期。

[28] 滕瑜、朱晶：《中间产品贸易对我国熟练和非熟练劳动力收入分配的影响——基于工业部门 31 个细分行业的实证分析》，载于《国际贸易问题》2011 年第 5 期。

[29] 汤二子、孙振：《引入产品质量的异质性企业贸易模型及中国经验证据》，载于《经济评论》2012 年第 4 期。

[30] 盛斌、马涛：《中间产品贸易对中国劳动力需求变化的影响》，载于《世界经济》2008 年第 3 期。

[31] 施炳展：《中国出口增长的三元边际》，载于《经济学（季刊）》2010 年第 4 期。

[32] 施炳展：《贸易如何增长？——基于广度、数量与价格的三元分解》，载于《南方经济》2010 年第 7 期。

[33] 施炳展：《全球贸易失衡的三元边际》，载于《世界经济文汇》2010 年第 5 期。

[34] 施炳展：《中美贸易失衡的三元边际——基于广度、价格与数量的分解》，载于《世界经济研究》2011 年第 2 期。

[35] 施炳展、李坤望：《中国出口产品品质测度及其决定因素》，载于《世界经济》2013 年第 9 期。

[36] 施炳展：《中国企业出口产品质量异质性：测度与事实》，载于《经济学（季刊）》2013 年第 4 期。

[37] 王娟、何长江：《中间产品进口对经济增长的贡献》，载于《经济纵横》2011 年第 11 期。

[38] 王涛生：《中国出口产品质量对出口竞争新优势的影响研究》，载于《经济学动态》2013 年第 1 期。

[39] 王明益：《内外资技术差距与中国出口产品质量升级研究》，载于

《经济评论》2013 年第 6 期。

[40] 夏平：《中国中间产品贸易分析》，对外经济贸易大学博士论文，2007 年。

[41] 肖文、唐兆希：《能源约束、技术进步与可持续发展——一个基于中间产品质量进步的分析框架》，载于《经济理论与经济管理》2011 年第 1 期。

[42] 肖文、唐兆希：《可再生能源、中间产品质量与可持续发展》，载于《世界经济》2012 年第 2 期。

[43] 喻美辞、喻春娇：《中国进口贸易技术溢出效应的实证分析》，载于《国际贸易问题》2006 年第 3 期。

[44] 殷德生、唐海燕、黄腾飞：《国际贸易，企业异质性与产品质量升级》，载于《经济研究》2011 年第 2 期。

[45] 殷德生：《中国入世以来出口产品质量升级的决定因素与变动趋势》，载于《财贸经济》2011 年第 11 期。

[46] 杨晓云：《进口中间产品多样性与企业产品创新能力——基于中国制造业微观数据的分析》，载于《国际贸易问题》2013 年第 10 期。

[47] 喻美辞：《中间产品贸易，技术溢出与发展中国家的工资差距：一个理论框架》，载于《国际贸易问题》2012 年第 8 期。

[48] 喻美辞、熊启泉：《中间产品进口，技术溢出与中国制造业的工资不平等》，载于《经济学动态》2012 年第 3 期。

[49] 朱春兰、严建苗：《进口贸易与经济增长：基于我国全要素生产率的测度》，载于《商业经济与管理》2006 年第 5 期。

[50] 赵伟、钟建军：《劳动成本与进口中间产品质量——来自多国产品—行业层面的证据》，载于《经济理论与经济管理》2013 年第 11 期。

[51] 钟建军：《工资与进口中间产品质量：异质性视角的机理分析与实证检验》，浙江大学博士论文，2014 年。

[52] Acharya, R. C. and W. Keller, "Technology Transfer through Imports", NBER Working Paper, NO. w13086, 2009.

[53] Altomonte C, Barattieri A, Rungi A., "Import Penetration, Inter-

mediate Inputs and Productivity: Evidence from Italian Firms", DYNREG Discussion Papers, 2008 (23).

[54] Amiti M, Khandelwal A K., "Import Competition and Quality Upgrading", *Review of Economics and Statistics*, 2013, 95 (2): 476 –490.

[55] Amiti, M., Konings, J., "Trade Liberalization, Intermediate Inputs and Productivity: Evidence from Indonesia", *American Economic Review*, 2007, 97 (5): 1611 –1638.

[56] Amiti, M. and C. Freund. "An Anatomy of China's Trade Growth", Paper Presented at the Trade Conference, IMF, 2007.

[57] Amurgo – Pacheco, A. and M. D. Pierola, "Patterns of Export Diversification in Developing Countries: Intensive and Extensive Margins", World Bank Policy Research Working Paper, No. 4473, 2008.

[58] Arkolakis C, Demidova S, Klenow P J, et al., "Endogenous Variety and the Gains from Trade", National Bureau of Economic Research, No. w13933, 2008.

[59] Athukorala P., "Trade Policy Reforms and the Structure of Protection in Vietnam", *The World Economy*, 2006, 29 (2): 161 –187.

[60] Aw B Y, Roberts M J., "Measuring Quality Change in Quota-constrained Import Markets: The case of US footwear", *Journal of International Economics*, 1986, 21 (1): 45 –60.

[61] Baldwin R, Harrigan J., "Zeros, Quality, and Space: Trade Theory and Trade Evidence", *American Economic Journal: Microeconomics*, 2011, 3 (2): 60 –88.

[62] Barro, R. J., "Determinants of Economic Growth", Cambridge MA: The MIT Press, 1997.

[63] Bas M, Strauss – Kahn V., "Does Importing More Inputs Raise Exports? Firm-level Evidence from France", *Review of World Economics*, 2013: 1 –35.

[64] Bastos P, Silva J., "The Quality of a Firm's Exports: Where You Ex-

port to Matters", *Journal of International Economics*, 2010, 82 (2): 99 -111.

[65] Besedes, T. and Prusa T. J., "The Role of Extensive and Intensive Margins and Export Growth", *Journal of Development Economics*, 2007, 96 (2): 371 -379.

[66] Bernasconi, C., "New Evidence for the Linder Hypothesis and the Two Extensive Margins of Trade", Working Paper.

[67] Bernard, A. B., Bradford Jensen, J., "Exceptional Exporter Performance: Cause, Effect, or Both?", *Journal of international economics*, 1999, 47 (1): 1 -25.

[68] Bernard, A. B., Jensen, J. B., "Why Some Firms Export", *Review of Economics and Statistics*, 2004, 86 (2): 561 -569.

[69] Bernard, A. B., Jensen, J. B., "Exporters, Skill Upgrading, and the Wage Gap", *Journal of International Economics*, 1997, 42 (1): 3 -31.

[70] Berry S T., "Estimating Discrete-choice Models of Product Differentiation", *The RAND Journal of Economics*, 1994: 242 -262.

[71] Broda, C., Weinstein, D., "Globalization and the Gains from Variety", *Quarterly Journal of Economics*, 2006, 121 (2): 541 -585.

[72] Brambilla I, Lederman D, Porto G., "Exports, Export Destinations, and Skills", *The American Economic Review*, 2012, 102 (7): 3406 -3438.

[73] Brooks E L., "Why Don't Firms Export More? Product Quality and Colombian Plants", *Journal of Development Economics*, 2006, 80 (1): 160 -178.

[74] Linder, Staffan Burenstam, "An Essay on Trade and Transformation", *Journal of Political Economy*, 1961 (1): 171 -172.

[75] Campa, Jose, and Linda S. Goldberg, "The Evolving External Orientation of Manufacturing Industries: Evidence from Four Countries", National Bureau of Economic Research, No. w5919, 1997.

[76] Channey, T. "Distorted Gravity: The Intensive and Extensive Margins of International Trade". *American Economic Review*, 2008 (4): 1707 -1721.

[77] Coe, D., Helpman, E. "International R&D spillovers". *European*

Economic Review, 1995, 39 (5): 859 – 887.

[78] Coe, D and E. Helpman, and A. Hoffimaister, "North – South R&D Spillover", *Economic Journal*, 1997, 107: 134 – 149.

[79] Crozet M, Head K, Mayer T. "Quality Sorting and Trade: Firm-level Evidence for French Wine" . *The Review of Economic Studies*, 2012, 79 (2): 609 – 644.

[80] De Loecker, J. "Do Exports Generate Higher Productivity? Evidence from Slovenia" . *Journal of International Economics*, 2007, 73 (1): 69 – 98.

[81] Demir B. "Trading Intermediates and Quality" . Department of Economics Working Paper 582, University of Oxford, 2013.

[82] Ethier, W. "National and International Returns to Scale in the Modern Theory of International Trade" . *American Economic Review*, 1982, 72 (3): 389 – 405.

[83] Eaton, J. , Kortum, S. , Kramarz, F. , "Dissecting Trade: Firms, Industries, and Export Destinations" . *American Economic Review*, Papers and Proceedings, 2004 (93): 150 – 154.

[84] Eaton, J. , S. Kortum and F. Kramarz, "An Anatomy of International Trade: Evidence from French Firms", New York University, Mimeo, 2004.

[85] Fajgelbaum P, Grossman G M, Helpman E. , "Income Distribution, Product Quality, and International Trade", *Journal of Political Economy*, 2011, 119 (4): 721 – 765.

[86] Falvey R E, Kierzkowski H. , "Product Quality, Intra-industry Trade and (im) Perfect Competition", Graduate Institute of International Studies, 1984.

[87] Feenstra, Robert C. , and Gordon H. Hanson, "Globalization, Outsourcing, and Wage Inequality", National Bureau of Economic Research, No. w5424, 1996.

[88] Feenstra R C, Hanson G H. , " The Impact of Outsourcing and High – Technology Capital on Wages: Estimates for the United States, 1979 – 1990", *The Quarterly Journal of Economics*, 1999, 114 (3): 907 – 940.

[89] Feenstra R C. , "Quality Change under Trade Restraints in Japanese Autos" . *The Quarterly Journal of Economics*, 1988, 103 (1): 131 -146.

[90] Feenstra R C. , "New Product Varieties and the Measurement of International Prices", *American Economic Review*, 1994 (84): 157 -157.

[91] Feenstra, R. , H. L. Kee, "Export Variety and Country Productivity: Estimating the Monopolistic Competition Model with Endogenous Productivity", *Journal of International Economics*, 2008 (2): 500 -518.

[92] Felbermayr, G. J. and W. Kohler, "Exploring the Intensive and Extensive Margins of World Trade", *Review of World Economics*, 2006 (4): 642 -667.

[93] Flam H, Helpman E. , "Vertical Product Differentiation and North - South Trade", *The American Economic Review*, 1987: 810 -822.

[94] Gervais, A. , "Product Quality and Firm Heterogeneity in International Trade", Available at SSRN 1949263, 2012.

[95] Goldberg P, Khandelwal A, Pavcnik N, et al. , "Trade Liberalization and New Imported Inputs", *The American Economic Review*, 2009: 494 -500.

[96] Grossman G M, Helpman E. , "Quality Ladders in the Theory of Growth", *The Review of Economic Studies*, 1991, 58 (1): 43 -61.

[97] Grossman G M, Helpman E. , "Trade, Knowledge Spillovers, and Growth", *European Economic Review*, 1991, 35 (2): 517 -526.

[98] Grossman G M, Rossi - Hansberg E. , "Trading Tasks: A Simple Theory of Offshoring", *American Economic Review*, 2008, 98 (5): 1978.

[99] Hallak J C. , "Product Quality and the Direction of Trade", *Journal of International Economics*, 2006, 68 (1): 238 -265.

[100] Hallak J C, Schott P K. , "Estimating Cross-country Differences in Product Quality", *The Quarterly Journal of Economics*, 2011, 126 (1): 417 - 474.

[101] Hallak J C. , "A Product-quality View of the Linder Hypothesis", *The Review of Economics and Statistics*, 2010, 92 (3): 453 -466.

[102] Hallak J C, Sivadasan J. , "Product and Process Productivity: Im-

plications for Quality Choice and Conditional Exporter Premia", *Journal of International Economics*, 2013, 91 (1): 53 -67.

[103] Halpern L, Koren M, Szeidl A., "Imported Inputs and Productivity", Center for Firms in the Global Economy (CeFiG) Working Papers, 2015, 105 (8): 3660 -3703.

[104] Harrigan J, Ma X, Shlychkov V., "Export Prices of US Firms", National Bureau of Economic Research, No. 17706, 2011.

[105] Helpman, E., M. J. Melitz and Y. Rubinstein, "Estimating Trade Flows: Trading Partners and Trading Volumes", *Quarterly Journal of Economics*, 2008 (2): 441 -487.

[106] Hummels D, Klenow P J., "The Variety and Quality of a Nation's Exports". *American Economic Review*, 2005, 95 (3): 704 -723.

[107] Hummels, D, J. Ishii and K. Yi, "The Nature and Growth of Vertical Specialization in World Trade", *Journal of InternationalEconomics*, 2001, 54 (1): 75 -96.

[108] Johnson R C., "Trade and Prices with Heterogeneous Firms". *Journal of International Economics*, 2012, 86 (1): 43 -56.

[109] Kancs, A., "Trade Growth in a Heterogeneous Firm Model: Evidence from South Eastern Europe", *World Economy*, 2007 (30): 1139 -1169.

[110] Kang, K., "The Export Price Index with the Effect of Variety and An Empirical Analysis", *Economic Modelling*, 2009 (26): 385 - 391.

[111] Kasahara H., Rodrigue, J., "Does the Use of Imported Intermediates Increase Productivity? Plant - Level Evidence", *Journal of Development Economics*, 2008, 87 (1): 106 -118.

[112] Kasahara H, Lapham B., "Productivity and the Decision to Import and Export: Theory and Evidence", *Journal of International Economics*, 2013, 89 (2): 297 -316.

[113] Kneller R, Yu Z., "Quality Selection, Chinese Exports and Theories and Heterogeneous Firm Trade", University of Nottingham, 2008.

[114] Khandelwal A., "The Long and Short (of) Quality Ladders", *The Review of Economic Studies*, 2010, 77 (4): 1450 – 1476.

[115] Krugman P R., "Increasing Returns, Monopolistic Competition, and International Trade", *Journal of international Economics*, 1979, 9 (4): 469 – 479.

[116] Krugman, P. R., "Scale Economies, Product Differentiation, and the Pattern of Trade", *American Economic Review*, 1980 (70): 950 – 959.

[117] Kugler, M., Verhoogen, E., "The Quality-complementarity Hypothesis: Theory and Evidence from Colombia", No. w14418, *National Bureau of Economic Research*, 2008.

[118] Kugler M, Verhoogen E., "Prices, Plant Size, and Product Quality", *The Review of Economic Studies*, 2012, 79 (1): 307 – 339.

[119] Lawless, M., "Deconstructing Gravity: Trade Costs and Extensive and Intensive Margins", *Canadian Journal of Economics/Revue canadienne d'économique*, 2010 (4): 1149 – 1172.

[120] Lileeva, A., D. Trefler, "Improved Access to Foreign Markets Raises Plant – Level Productivity for Some Plants", *Quarterly Journal of Economics*, 2010 (3): 1051 – 1099.

[121] Lööf, Anderson, M., "Imports, Productivity and Origin Markets: The Role of Knowledge Intensive Economies", *World Economy*, 2010, 33 (3): 458 – 481.

[122] Lugovskyy V, Skiba A., "How Geography Affects Quality", Available at SSRN 2206593, 2012.

[123] Manova K, Zhang Z., "Export Prices Across Firms and Destinations", *The Quarterly Journal of Economics*, 2012, 127 (1): 379 – 436.

[124] Markusen, J., "Trade in Producer Services and in Other Specialized Intermediate Inputs", *American Economic Review*, 1989, 79 (1): 85 – 95.

[125] Melitz M J., "The Impact of Trade on Intra-industry Reallocations and aggregate industry productivity", *Econometrica*, 2003, 71 (6): 1695 – 1725.

[126] Murphy K M, Shleifer A., "Quality and Trade", *Journal of development economics*, 1997, 53 (1): 1 – 15.

[127] Ng F, Yeats A., "Production Sharing in East Asia: Who does What for Whom, and Why?", Springer US, 2001.

[128] Rivera – Batiz, L., Romer, P., "International Trade with Endogenous Technological Change". *European Economic Review*, 1991, 35 (4): 971 – 1001.

[129] Romer P M., "Growth Based on Increasing Returns Due to Specialization", *The American Economic Review*, 1987, 77 (2): 56 – 62.

[130] Romer P M., "Endogenous Technological Change", *Journal of Political Economy*, 1990, 98 (5): 71 – 102.

[131] Schott P K., "Across-product Versus Within-product Specialization in International Trade", *The Quarterly Journal of Economics*, 2004, 119 (2): 647 – 678.

[132] Shaked A, Sutton J., "Natural Oligopolies", *Econometrica: Journal of the Econometric Society*, 1983: 1469 – 1483.

[133] Stokey N L., "The Volume and Composition of Trade Between Rich and Poor Countries", *The Review of Economic Studies*, 1991, 58 (1): 63 – 80.

[134] Smeets, V., Warzynski, F., "Learning by Exporting, Importing or Both? Estimating Productivity with Multi-product Firms, Pricing Heterogeneity and the Role of International Trade", Department of Economics Working Papers 10 – 13, 2010. University of Aarhus, Aarhus School of Business.

[135] Verhoogen E A., "Trade, Quality Upgrading, and Wage Inequality in the Mexican Manufacturing Sector", *The Quarterly Journal of Economics*, 2008, 123 (2): 489 – 530.

[136] Wooldridge J M., "Econometric Analysis of Cross Section and Panel Data". The MIT press, 2002.

[137] Xu B, Wang J., "Capital Goods Trade and R&D Spillovers in the OECD", *Canadian Journal of Economics*, 1999, 32 (5): 1258 – 1274.